水富

【文化昭通】

总策划　杨亚林　郭大进
主　编　王　忠
本卷主编　熊启东　盛学伦

长江第一港　云南北大门

云南人民出版社
云南出版集团

"文化昭通"丛书编委会

总 策 划	杨亚林　郭大进
主　　编	王　忠
副 主 编	尹朝禹　吴　静
执行主编	朱大庆　郑　萍　吕亚平
总 监 制	李　维
监　　制	江庆波
编　　委	李　勇　艾自由
编　　务	王嫣霏　张荣炯　陈文超　杨恩智　文　鹏

文化昭通·水富

本卷编委会

本卷总策划	薛桂强　李松涛
本 卷 策 划	熊启东
本 卷 主 编	熊启东　盛学伦
本卷副主编	谭光辉　陈吉刚　杨文丽　聂章林
本卷执行主编	陈　卓
本 卷 编 委	薛桂强　李松涛　熊启东　宋恩骑　陈关桦
	盛学伦　张　琴　匡　锐　梁　健　谭光辉
	周世强　凌育飞　聂章林　陈　卓
本 卷 撰 稿	陈　卓
本 卷 摄 影	陈　卓　张相昆　李　伟　何光云　王云杰
	周文平　王付君　曾光祥　盛学伦　聂章林
	赵智钦　夏古文　林宣云　张治强　刘　平
	余先华　何友军　狄光兴　陈　俊　卓维华
	谢阳山　郑　荣　狄廷秀　郑远航　任焕彬
	张正琴　宋吉发
本 卷 编 务	季　风　聂小艳　熊祖林　郑　荣　刘义正
	李声均　李明芳　胡小勤

图书在版编目（CIP）数据

文化昭通.水富/熊启东 盛学伦主编.——昆明：云南人民出版社，2018.12
ISBN 978-7-222-17222-7

Ⅰ.①文… Ⅱ.①盛… Ⅲ.①地方文化-水富县 Ⅳ.①G127.743

中国版本图书馆CIP数据核字（2018）第098515号

创意策划： 云南出版集团公司产业发展部
出 品 人： 赵石定
责任编辑： 刘　焰　雷啟星
设计总监： 袁亚雄
装帧设计： 李乐乐　熊小熊
责任校对： 陈春梅
责任印制： 洪中丽

文化昭通·水富
WENHUA ZHAOTONG SHUIFU

主编： 熊启东　盛学伦
出版： 云南出版集团　云南人民出版社　// **发行：** 云南人民出版社
社址： 昆明市环城西路609号　　　　// **邮编：** 650034
网址： www.ynpph.com.cn　　// **E-mail:** ynrms@sina.com

开本： 787mm×1092mm　1/16　　// **印张：** 17.25　　// **字数：** 240千
版次： 2018年12月第1版第1次印刷
印刷： 云南出版印刷（集团）有限责任公司　云南国方印刷有限公司

书号： ISBN 978-7-222-17222-7　　// **定价：** 79.00元

如需购买图书、反馈意见，请与我社联系
总编室：0871-64109126　发行部：0871-64108507　审校部：0871-64164626　印制部：0871-64191534

版权所有　侵权必究　印装差错　负责调换

云南人民出版社微信公众号

总序

600万年前,地球这颗星球还是一片蛮荒。

现今的昭通坝子是野生动物的乐园。

猿、鼷鹿、貘、剑齿象、犀牛、河狸、水獭在这里生生灭灭。

太古蛮荒,日长如年。

星球旋转,时序更迭。

几百万年的岁月就这样过去。

10万年前,昭通过山洞一带,有了"人"。他们从哪里来,不知道;他们怎么生活,不清楚。

昭阳巡龙湾、鲁甸野石、巧家小东门等石器时代遗址的发现,让历史的蒙昧天幕依稀闪现出了一丝文明的曙光。

人类在繁衍,母系、父系,生生不息。

部落在迁徙,登山、涉水,寻求更好的环境。

公元前7世纪的春秋早期,中原已是"郁郁乎文哉",滇东北高原还是一片黑暗。

一个人,一个部族的出现,改变了这一切。

他,就是杜宇!

昭通有文字记载的历史从此开始。

杜宇"从天堕,止朱提",拂去神话的色彩,应是一个在西南大地上迁徙的部族。他或他们在朱提——昭通坝子的突然出现,揭开了昭通文明史新的一页。

足音如雷,人声鼎沸;筚路蓝缕,以启山林。

从此，弹丸之地的昭通和中华文明的母体，紧紧连在了一起。

来也匆匆，去也匆匆。

稍事休养生息后，杜宇，又带着他的部族北上了。

如果说，文明是人与自然结合的产物，是人在自然界留下的痕迹，那么，杜宇刻在昭通的痕迹，是既深且重了。

这条痕迹在滇东北的密林深箐，崇山巨壑中往北延伸，进入川南，直达成都。

这，就是五尺道的前身。

不管后人把这条道路叫作南夷之路、盐铁之路，抑或是茶马之路、丝绸之路，但它实实在在是一条羊肠小道，是一条文明的脐带。

而这条路，是杜宇和他的部族，用脚板走出来的。

昭通，是这条文明脐带上的一个重要节点。

整个春秋战国时代，正是这一条血脉，联系了中原和南滇，尽管有时它似乎微弱得似有若无。

公元前4世纪末，李冰为蜀守，修筑了闻名于世的都江堰。但，不要忘记，他还有一个功劳，就是修筑了从僰道（今宜宾）通往滇东北的道路。

又过了百年，到公元前3世纪末，秦始皇"席卷天下，包举宇内"，海内一统，雄才大略的他又把眼光盯在了这条道路上，他派常頞在李冰修筑的基础上，把路往南延伸，"五尺道"初步定型。并在"诸此道颇置吏焉"，秦王朝的触角伸向了这里。

昭通"锁钥南滇，咽喉西蜀"，成了中原通向云南的桥头堡。汉文化、西南夷文化在这里交融，碰撞出了绚丽的火花。

文化昭通的滥觞从这里开始。

西汉王朝设郡置县，通道置驿，移民屯田，中原的先进文化随着铜铁竹木、僰僮髦牛的贸易，源源不绝输入这里。西汉末，文齐率夷汉人民"凿龙池，溉稻田"，说明农耕文化已然发展。

东汉，随着南中大姓的兴起，汉文化已扎根这片大地。灿烂的朱提青铜文化，使昭通成为名副其实的"中国汉洗之乡"。被誉为"南中瑰宝"的东汉《孟孝琚碑》是儒风吹拂高原的明证。它那理性而悲愤的文字内容、沉郁而厚重的书法风格，连同朱提青铜器那精美的制作工艺，至善至美的工匠精神，给昭通文化不小的影响。

东晋"霍承嗣壁画墓"中的夷汉部曲壁画形象，是夷汉文化在昭通进一步融合的明证。这时的昭通"其民好学，为南中冠冕"，文化的发展已然走在云南的前列。

当然，文化的发展从来是不平衡的。五尺道沿线及坝区的居民点，受汉文化影响较深，南中大姓基本沿用内地的生活方式，而边远山区的一些部族，到了晋代依然还是"食肉衣皮、言语服饰不与华同"。

南北朝至隋唐，随着中原王朝的衰微，"夷强汉弱"，文化的发展亦进入低谷。

唐宋昭通夹在中原王朝及云南地方政权南诏、大理之间，天高皇帝远，除豆沙关留下一小块唐袁滋摩崖刻石外，未发现更多的史料及文物。

宋、元、明三代，昭通与中原多数时间"荒梗不通"，成为乌蛮土司"争官夺印"、互争雄长之地。生产力停滞、倒退，文化建设上亦乏善可陈。

清雍正年间的"改土归流"，无疑是昭通政治、经济、文化发展史上的一个分水岭。流官、营兵、垦户、矿厂的大量入昭，带来了汉文化的再度复兴。"乌暗蒙蔽"变而"昭明通达"，昭通迎来了历史上第二个文化的高峰，从而开昭通近代文化之先声。

民国昭通作为云南高层领导龙云、卢汉的故里，素有"小昆明"之称。云南作为抗战的后方，大量南渡北归的文化人经过，为昭通带来了文化的新气息，使昭通文化的发展，比肩于内地发达地区。

改革开放后，惊雷声声，万绿齐萌于沃野；春风忽渡，鲜花竞放于高原。"昭通作家群"的异军突起，标志着昭通文化进入了一个希望的春天。

回眸昭通文化，它像一条历史长河，千折百回，跌宕起伏。时而惊涛裂岸，时而幽咽泉流。有辉煌也有暗淡，有厚重也有单薄，有前进也有停滞。

凝视它，有欣喜也有苍凉。

我们没有理由妄自菲薄，我们更不该夜郎自大。

昭通文化，是一个复合多元的文化，是生活在这块土地上的各族人民共同创造的。这条文化的长河，流淌着生活在这块土地上的各族人民的心血和汗水，是各族人民共同创造的结晶。

从杜宇部族脚下的草莽小径，到蜿蜒曲折的五尺道，到今天的高速公路、铁路、航空线，文化的脐带愈来愈宽阔、愈来愈结实。

交通，与昭通文化的关联太紧密了。

昭通、昭通，不昭不通，不通不昭。

昭明，才能通达；通达，将更加昭明。

一个更开放、更包容的社会，将更有助于昭通文化的繁荣兴旺。

在前进的道路上，我们既要回望传统，又要放眼未来。

要守住自己的根，也不要小视别人的果。

要有文化的自信，更要有文化的自省。

这样，我们才能长大。

序：
长江第一港 云南北大门

精致水富县，云南北大门。

秦汉时，水富为僰人生活境域。隋开皇六年（586年）属开边县，宋乾德五年（967年）废开边入犍为郡僰道县，北宋政和四年（1114年）改僰道县为宜宾县，均辖水富地域。民国初年，分属宜宾、盐津、绥江所辖，直至水富设区建县。

物华天宝，人杰地灵；水之故乡，美誉佳传。衔金沙而吞横江，引春城而连天府；因建厂而设县，因发展而闻名。1974年，云南天然气化工厂厂址选定在四川省宜宾县滚坎坝，同年5月国务院批准将宜宾县水东、水河、安富3个人民公社划入云南省，7月1日成立云南省昭通地区水富区。1981年8月14日，国务院同意划出绥江县太平公社和会仪公社新安、新寿2个大队，及盐津县两碗公社，与水富区组建水富县，同年10月1日水富县正式成立。2017年末，全县境域面积439.95平方公里，辖向家坝镇、太平镇、两碗镇和云富街道办事处，有20个村、9个社区，448个村民小组、72个居民小组，总人口10.5万人。县境由西南向东北呈山地—丘陵—河谷平坝的过渡地形。全境属亚热带季风气候，夏长冬短，四季分明，全年无霜期300~340天，年降雨量1000毫米左右，年平均气温18.6℃。主产水稻、小麦、玉米等，物产丰富，环境宜人。

昔日滚坎坝，喜逢盛世；今日北大门，春和景明。建县以来，水富县委、县政府勇立潮头唱大风，开放文明、务实创新,只争朝夕、追求卓越,心系万家忧乐,常思为民造福,徐徐清风聚人气,欣欣向荣得人心。风雨兼程,脚踏实地绘理想;筚路蓝缕,勠力同心书锦绣。今日水富,突出科学发展、和谐发展、跨越发展主题,大力推进港口城市、旅游城市、工业城市、商贸城市建设,培育能源产业、化工产业、旅游产业、物流产业、水产养殖业5大产业。2017年,全县生产总值54.84亿元,地方一般公共预算收入2.63亿元,城镇常住居民人均可支配收入30400元,农村常住居民人均可支配收入10085元,被列为全省重点工业培育县和全省40个工业强县、10个循环经济试点县、10个重点物流园区之一。先后荣获全国平安建设先进县、全国社会治安综合治理最高奖"长安杯"城市、全国文明县城、国家卫生县城、全国休闲农业和乡村旅游示范县、全国义务教育发展基本均衡县、全国阳光体育先进县等称号,一个个"国字号"荣誉就像一块块金字招牌,让这颗金沙江畔的明珠城市更加耀眼。

日月穿梭,沧海纵横。纵观水富,追忆感怀。

文化遗存山高水长。登山而观,岁月凝香,水色山光云影天;沐浴而望,山河叠翠,风摇修竹月拂尘。飞越时光隧道,悠游古渡横江。临楼坝而怀古,对修竹而抒情。风吹楼子口,船桅千帆,船工号子今犹在;月照横江河,英雄辈出,袁滋翼王何处觅?千年重镇,南方丝绸之路,萧萧风声班马鸣;风雨拜台,秦汉五尺道上,漫漫长路商旅情。僰人已无踪,足音声声慢。历代兵家必争地,唯有古墓证历史。太平天国古战场,抗日战将威名扬。再到庙口石牌坊,五世同堂皆鼎盛,无声地诉说着一个家族了不起的荣光;佛教圣地云崖寺,佛塑金身、法相庄严、红墙青瓦、气宇轩昂;遗世独立的冷水溪石拱桥,承载的是古代商道的繁华与兴盛。非物质文化遗产小彩龙、车车灯、民间歌谣异彩纷呈,传承发展,滇文化、巴蜀文化、南夷文化与中原文化渗透交融,牌匾碑刻,银钩史载,我辈铭记。

地理位置得天独厚。水富水陆空四通八达,是内昆铁路进入云南第一站,水麻高速公路以水富为起点,长江水路可直航太平洋,是长江经济带、成渝经济圈、重庆经济协作区连接云南、融入第三亚欧大陆桥和东盟的重要桥梁,全国西南物资出口最便捷的通道,是国内进入南亚、东南亚和云南进入中原的重要枢纽,是云南唯一的公路、铁路、水运、航空、天然气管道"五通"县,县城离成都、重庆分别300余公里,距四川宜宾机场33公里。中国企业500强之一、中国化工百强国有企业——水富云天化股份有限公司,年产50万吨合成氨、80万吨尿素、10万吨硝酸铵、26万吨甲醇、10万吨聚甲醛、1万吨季戊四醇、0.71万吨甲酸钠等化工品,化学原料及化学制品制造业位居全国第七位。全国第三大水电站——金沙江向家坝水电站紧邻县城,装机容量640万千瓦,2006年开工,2008年大江截流,2012年首批机组发电。喜看万里长江第一港——水富港,是云南第一大港,开辟国内最长内河航线,建成1000吨级重大件泊位、多功能泊位和散货泊位,水富船队从水富港起锚,经四川、湖北、湖南等7个省市,可直达上海吴淞口。正实施的水富港扩能改造,将达到3000吨级以上船舶江海直达运输,年吞吐量可接近600万吨,连接重庆、武汉、上海三大长江航运中心和上海自由贸易区,通往中国内陆腹地及东北亚地区,发挥了沟通太平洋、印度洋的优势。

三江文化相互交融。凭硬功练文化软实力,以细处现文化大视野。天下大观,乐享幸福,风流还看今朝;弹丸之地,有容乃大,大美当论水富。北大门文学奖全国征文,墨客骚人纷至杳来,人文荟萃,妙笔生花。山水有知音,风月总关情。《文化水富》《诗意水富》《印象水富》百花齐放,解读水富底蕴与灵魂;连续举办五届国际半程马拉松比赛,被誉为"万里长江第一跑",被中国田协分别授予"金牌赛事"荣誉称号。肤色各异展风采,王者风范竞风流。为爱奔跑,生命接力。开放包容,梦想成真。成功举办六届中国金沙江奇石艺术博览会。中国观赏石之乡,八方奇石汇聚一条街,有石有文有书画,有山有水有知音,石商云集,以石交友,与人为善,上善若水。喜看全国美丽休闲乡村邵女坪,高峡出平湖,移民新风采,金沙碧水红嘴鸥,休闲度假狂欢节,不一样的爽体验,不一样的慢时光。

色食皆秀天下美谈。伫立巍巍乌蒙山麓,遥望鼎鼎西南半壁。金沙江、横江、长江,三江浩荡;铜锣坝、轿顶山、马脑山,相看不厌。高楼林业,大道贯通,十月桂花香江岸;森林绿地,鸟语花香,四季白鹤天上飞。有山不在高，铜锣坝原始森林，铜鼓鸣雷，绿涛万顷，鸽子花飞，琴蛙吟唱，缠绵深情，原始仙踪，诱四面来客，是滇东北保护最完好的亚热带常绿阔叶林区，是国家森林公园，总面积5156.6公顷，有国家一级保护动植物6种、国家二级保护动植物25种以上、生物种类近3000科类。有水不在深，泉水叮咚，瑶池百态，温泉静泊，柔情万般，西部大峡谷第一汤，返璞归真，吸引八方游人，是国家AAAA级景区、亚洲最大露天温泉，井口压力43千克／平方厘米，水温82℃。话说太平桃花节，浩荡花开，夭桃秾李，人面桃花相映红，姹紫嫣红总是春；且看两碗花山节，迷离回龙堡，俊男靓女，芦笙悠然，米酒醇香，热情好客唱古歌，盛行苗家民族风。性情中人多石痴，水乡自有爱酒人。粮为酒之本，水为酒之血。好地产五谷五谷丰登，好水出好酒琼浆玉液。得天独厚，舌尖留香。举杯醉明月，畅饮云五液。三江水浩渺，卧虎藏龙；本土佳酿香，不醉不归。云南醉明月酒业有限公司生产的"醉明月"，曲酒窖香馥郁、香味谐调、入口甘美、落喉净爽，先后获商务部金爵奖、云南十佳名酒等称号。水富古渡酒业有限公司生产的"云五液"香浓味正、绵柔甘洌、协调丰满、回味悠长，冠名云南·水富"云五液杯"北大门文学奖，彰显水富文化、酒文化魅力。好酒配佳肴，天赐河鲜味无穷，珍馐美食传统菜，鲜香麻辣沸盆景，应接不暇名小吃……剪不断的乡情，来了不想走，走了还想来。

山魂水魄，水富得山之风骨；大江在侧，水富得水之柔肠。政通人和书奇景，民富城安，宜居宜游；一衣带水，勤劳乐业写春秋。风生水起，宜客宜居。"万里长江第一港，七彩云南北大门。"这是对水富昨天、今天、明天的深情吟咏与形象写照，也是文化水富的亮丽品牌。水富文化，源远流长；文化水富，不朽篇章。《文化昭通·水富》闪耀着独特、耀眼的光芒。美哉，浪漫水富！引四面八方，游山玩水；壮哉，铿锵水富！吸五湖四海，际会风云。

"我已不思归，愿做水富人。"是的，我已不思归，愿做水富人。

文化强，万物生。这是信仰的力量，这是文化的力量，这是水富的智慧与风采。青春水富，小城大象，定将再创荣耀与辉煌。

目录 Contents

1　总　序

5　序：长江第一港　云南北大门

001　第一章　滇川锁钥　丝路明珠

002　古意楼坝：川滇古渡楼子口

011　横江水运：岁月回荡号子声

017　文化遗存：时光里不老的文明

034　刀光剑影：峥嵘岁月起风云

046　艺术瑰宝：苍凉日月下散落的珍珠

062　神秘葬俗：不可触摸的遥远

069　四通八达：朝发夕至千万里

079　第二章　温泉之都　浪漫水富

080　一往情深：永远的金沙江

092　小城故事：山水云天慢生活

102　铜锣秘境：林深不知处

113　三世柔情：温泉水滑洗红尘

122　桃之夭夭：尘埃里的花朵

128　花事缤纷：苗寨里怒放的春天

140　相约轿顶：苍山古木意从容

150　自然密语：迷离回龙堡

167　第三章　文化交融　春风化雨

168　荟萃人文：风月总关情

176　金江奇石：鬼斧神工话春秋

185　为爱奔跑：王者风范竞风流

194　千古传奇：湖山明镜半月湾

202　木秀成林：花开满枝千里香

209　第四章　舌尖水富　香风徜徉

210　琼浆玉液：诗酒趁年华
217　珍馐留香：天赐美食味无穷
239　山乡野味：剪不断的乡情

256　后　记

第一章

滇川锁钥　丝路明珠

　　沧桑岁月，僰道发端；商贾云集，贸易远播；古渡风云，刀光剑影；横江号子，纤夫咏叹；千年古刹，神秘摩崖；民间文化，艺术瑰宝；水墨山川，滇川锁钥；通江达海，八面来风……任思绪在时光的隧道、不老的文明里游走穿行，任步履在了不起的荣光里迂回寻觅，柔软内心，荡涤灵魂。岁月无痕，物是人非；精神永在，文明不老。

古意楼坝：川滇古渡楼子口

> 楼坝，古称楼子口，是古代南方陆上丝绸之路上的水陆码头。伫立古拜台，斑驳与繁华的光影轻舞流转，听船桨拍水的声音，竹竿撑船的声音，横江号子的声音……楼子口曾经的繁盛与峥嵘、辉煌与沧桑就近在一眼就可眺望的距离。

繁华落尽的背后是新的盛开，属于另一个灵魂。

地处横江之滨，扼川滇要冲，楼坝古渡的楼子口，见证了昔日古道，滇川两地商旅往来，商贾云集的盛况、辉煌与沧桑，见证了横江两岸人民世世代代的苦辣酸甜，见证了横江两岸纤夫的辛酸血泪，见证了楼坝这片年轻而古老的土地，承载的厚重历史、灿烂文化与翻天覆地的变化。秦孝文王元年（前250年），蜀守李冰为经略云南，以僰道（今四川宜宾）为起点，溯江而上，开山劈岭，积薪烧岩，修通了一条连接中原至云南的通道，其时称僰道，亦即五尺道。"大江水拍马帮来，蜀地滇边古道开。"此道从此成为滇川经贸大通道，开了古代南方陆上丝绸之路的先河。

在水富设区之前，楼坝一直属隔河相望的川南重镇——横江镇管辖。渡口、渡船、船工均由横江镇运输社管理。小时候在横江生活，横江镇上的人大多以经商、长途水运为生，记忆中推渡船为生的都是楼坝人，每逢三六九赶场，楼坝人与方圆百里的人就要渡船过河赶场，卖自家的农副产品、山珍野味，

❶ 古拜台石阶
❷ 古拜台

再买了生活的必需品坐船回家。横江的大街小巷商铺林立，到处是密密麻麻的人头、背篼，摩肩接踵，常常挤得水泄不通，甚至有的人上下船时，在跳板上被挤得掉进河里。我一辈子都无法忘记在物资匮乏的年代，小小的自己在赶场天，被巨大的人流推推搡搡，身不由己碰碎了一个农民伯伯装满猪油的罐子的深度惶恐……

记忆深刻的还有夏天的横江河，一改往日清澈见底的温柔，浑黄咆哮，大浪滔天。那时赶场，在涨水天，渡船就停靠在石头砌成的圆弧形的拜台处。拜台高一丈有余，台面宽约五平方米。清乾隆四十年（1775年），曾对石阶梯进行重修；清道光二十年（1840年），乡民曾集资培修拜台码头。水涨到快漫上拜台时，要过河，从拜台一跨就上了船。每年涨洪水都会淹没拜台好几回，一旦拜台被淹没，就是再胆大的船工都不敢再撑船过河。细心观察，便

古楼子口

可以看见拜台与笔直的 83 级石级连在一起独具匠心,就好比一支弓箭,台阶是箭杆,拜台是箭镞。传说修建这个酷似弓箭的拜台,是为了镇住横江镇背后山上,每到庄稼疯长的季节,就要纵身过河来吃楼坝这边的庄稼的一只神兔。但依我看来,与其说是为了镇住神兔,不如说是为了镇住河神,或者是祭河神、求平安的地点,慢慢演变为纯粹的观察洪水水位、供渡船人等候、歇息的地方。

  人整个地缱绻在楼子口的旧梦里。古代南方丝绸之路马蹄的足音悦耳而悠远,从拜台到楼子口的石阶泛着清幽的光。两棵古老的黄桷树,一棵在石级旁的石壁上盘根错节,巨大的树冠遮天蔽日;一棵几人才能合抱,掩映着如月似弓的拜台,被夏天湍急水流掏空的树根,伸出一只张牙舞爪的巨手,从光滑发亮的大大小小的鹅卵石的缝隙间伸进泥土。掏空了的树根可

以安得下一张八仙桌，小孩子们喜欢在树根下钻来钻去地藏猫猫玩耍，或乘凉。1994年的夏天，这棵用树根牢牢抓住泥土，支撑自己越来越大的树冠的黄桷树，终于没能抵抗住每年夏季都要涨水的横江河，被漫过拜台的洪水无情地席卷、掏空，无声地倒下、冲走，不知所踪……

距离楼子口大约300米处是当地有名的大户人家的邓家祠堂。这是一栋木柱穿架结构的小青瓦古式建筑，木柱已经严重倾斜，青瓦已经陈旧朽损，墙面已经斑驳，一副风雨飘摇的残败样子。由于年深月久，原来的木板壁多已换成砖墙。唯有屋顶上充满原始神秘的宗教色彩的雕塑完好无损。一位九十多岁的老人笑眯眯地坐在歪斜的大门口，这是一个洗去铅华的怀旧女人，曾经的容颜被岁月雕刻上深深的皱纹，弥漫出苍凉的平和与慈祥……老人告诉我们，楼上有三尊木雕神像，其中一尊已无头。但托神像保佑，曾经旁边的房子发生火灾，烧到这里火就自己熄灭了。她说，要上楼去看神像，千万要小心，楼板都坏得差不多了，随时可能踩塌。为了亲眼看见三尊神像，同行中几个胆子大的穿过正屋侧面黑黢黢的过道，到后面的黑洞洞的厢房。我踩着陡壁的木梯爬上布满灰尘的二楼，一种颓废的味道扑鼻而来。刚踏上一块木板，只听见吱呀一声，木板一头翘了起来，吓出我一身冷汗，要不是旁边正好有一根梁柱让我抱住，后果不堪设想。只好远远地望了望三尊神像，拍了几张照片赶紧下楼。

风雨多年，物是人非，镇宅之宝尚在，修建祠堂的邓家主

风雨飘摇的邓家祠堂仿佛在诉说一段繁华凄怆的旧梦

人却早已不知所踪。中华人民共和国成立后居住在祠堂里的三户人家，一户一户地搬走，年轻的心在远方，生活在远方。只是当所有曾经居住的人都走了，这祠堂会不会永远消失于我们的视线？跨出邓家祠堂大门的一瞬，仿佛是踏出一段繁华凄怆的旧梦……黑暗落下来的声音，心跳的声音，遗落在厚厚的尘埃里。

　　站在亮晃晃的阳光下，心温情而柔软。原来的两层全木结构的重檐歇山式建筑楼子口已修缮一新。原来那条连接楼子口，大约四米宽的青石板铺就的古街道不见了，原来街面两侧的木板壁小青瓦房不见了，宽半尺、高约三米的一块一块的木门板不见了，原来的喧嚣与热闹不见了……零距离注目"锦绣山水幸福家园，日新月异满园生机"的新楼坝，注目2015年11月29日修建竣工的古渡广场与已经成为水富县仅有的5个市级文物保护单位之一的楼子口……这是水富县委、县政府的又一次大手笔：古楼子落架修缮工程。项目总投资200万元，其中省级重点文物保护专项资金160万元、自筹资金40万元，包括古楼子全落架修缮及古街道、古拜台修复、构件雕刻、防腐防虫处理、条石更换和堡坎施工等。其落架修缮秉承修旧如旧的理念，大到木架结构，小到镂空雕花构件，都保留了原川南楼阁古朴简洁的建筑风格。修缮后的古楼子，面阔8.9米，进深10.1米，一层面积89.89平方米，二层面积47.09平方米。内部落地柱16棵，其中原石柱4棵。楼子口临街面牌匾上"棘道冲衢"四个遒劲的大字气势逼人，正联 "天地沧桑留古渡，川滇舟马汇横江"与副联 "宝地一方人文彰魅力，古街千载风雨话沧桑"，写意出楼坝曾经的峥嵘岁月；临江面牌匾上"楼子口"三个大字古意悠悠，正联 "万里樯桅凭吐纳，一江风月任流连"与副联"月照横江流古韵，风萦楼阁淡春烟"写意出古渡曾经的鼎盛和繁华。其牌匾、楹联均为面向全国社会各界广泛征集，从15个省（市）的51位楹联爱好者所投的牌匾79

见证古楼子口变迁的老人

件、楹联213副中，经评审组推荐并报领导审定。其书法均为本土著名书家李代煊、黄世湘二位先生分别书写，交由工程承建方在昆明请专业人士雕刻上墙。

　　古渡广场上，2015年12月才完工的文化墙，长12米、高4.5米，选用厚重的古铜色，以浮雕形式呈现，吸引了大家的目光。景随步移，浮雕共有僰道沧桑、丝路烟云、翼王鏖战、革命熹光、入川护国、铁

今日楼坝镇

血抗战六部分,一一呈现出远古先民僰人的生活场景。楼坝古渡的商贾马帮,太平军石达开部横江大战,杨子云宜宾赴难,白宗华、白宗元兄妹参加革命,蔡锷率滇军入川护国,杨宏光、邹谷君等参加抗日战场一系列的人物和事件,无声地诉说着几千年来的历史和沧桑,诉说着悠悠千古的"古渡风云"。在楼子口的右侧、广场的左入口处,面对新立的一块金沙江江底石,面对李代煊先生书写的"古渡广场"四字,我感慨万千,不得不赞叹。由本土作家盛学伦撰写、云天化中学退休老师赵骥书写的《古渡广场铭》,就是对楼坝昨天、今天、明天深情的吟咏与写照:

> 滔滔关河,浩浩汤汤。天厚楼坝,富甲一方。
> 僰族先民,葛履麻裳。逐水而居,繁衍生长。
> 黄沙坡下,乌龟石湾。东汉崖墓,大地史传。
> 诸葛南征,翼王鏖战;袁滋使滇,蔡锷入川。
> 赵端反清,子云赴难。风云际会,如星煌煌。
> 蜀守李冰,经略蛮荒。积薪烧岩,僰道发端。

常颁续业，五尺道广；栈道千里，无所不畅。
南方丝路，贸易远番；商贾不绝，络绎马帮。
皇木京铜，经此登堂；横江水道，云集樯帆。
欣逢盛世，鹏举龙骧；工农商旅，蒸蒸日上。
故乡大美，绿水青山；人杰地灵，共奔小康。
岁在乙未，再添景观。宵衣旰食，历尽艰难。
修缮楼子，文脉承传；重筑拜台，其新焕然。
征地十亩，新建广场；历时半载，古镇重光。
清江拍岸，树绿花香；古渡新颜，流连忘返。
登斯楼也，其喜洋洋；把酒临风，逸兴飞飏。
福佑故里，桑梓永昌；歌以咏铭，勒石流芳！

再次驻足楼子口，横江河水清澈流淌，岸边修竹轻轻摇曳，一只渡船若惊鸿悠悠翩过、波摇影动……

| 维修后的新楼子口

2017年8月15日，云南诗人夏羽在楼子口拜台听禅：

阳光刺眼的芒深藏在云层里／混浊的江水汤汤／一箭之遥的对岸／就是富庶的天府之国／在古拜台一叩首／"咦"凄厉的喊声由一而十而百而千万／这摄魂夺魄的蝉鸣声响彻云霄／江水浩浩，时光的游子灵魂出窍／五尺道上鼓角争鸣，血肉横飞／夹江为营的翼王怎么知道大渡河／只渡有缘人。都说流水无情啊／／在古拜台二叩首／"知了，知了，知了"喋喋不休的聒噪／令人心智昏昏。我从远方赶来看你／看山无陵，江水为竭看夏天的纷纷大雪／在兵家必争之地听蝉鸣，听江涛高一声／低一声。一声不吭地是我心底澎湃的爱／／退回到最初的渡口三叩首，波光粼粼／我只是个匆匆的过客，我的爱恨纠葛／我自己带走。也许吧，多年后／拜台的蝉鸣依旧是铺天盖地的饶歌。

❶ 修缮后的楼坝古渡口
❷ 邓家院子残存的三尊木雕神像

横江水运：岁月回荡号子声

> 岁月总在流逝，事物总在更迭。曾经的横江水运，船工拉纤已在脑海里成为沉默中嘶吼的雕像，唯有渐行渐远的横江号子仍然在耳旁挥之不去，成为五尺道上川滇风情的活化石，那一条条紧绷的纤绳上，悬挂着横江水运的繁盛，悬挂着祖辈的灵魂。

春天的横江河急促地流淌着。"唱横江来道横江，嗨哟……河弯水急多险滩，嗨哟……"难以置信，十多名七老八十的老船工单薄的身体，吼出的横江船工号子竟然势如破竹，浑厚激昂，响彻云天，整齐得犹如一个人发出的声响。这荡气回肠的号子，这只为展示原生态横江号子的队伍，这五尺道上川滇风情的活化石，让我脑海里重新打捞出横江水运与横江号子历史的画面。

水运，从古至今都是商贸往来、货物运输的重要形式。横江水运始于何时？《华阳国志》载："晋南广郡，自僰道（宜宾）至朱提（昭通）有水步道。"实际上，在交通极不发达的古代，横江两岸先民以江为运的时间可能更早。横江航段从水富县城中嘴至盐津县豆沙关，长144公里。横江水道既是商道，也是官道。修建京城的皇木，充实国库的京铜，都需要借此航道同行。至清中期，横江水运进入了一个鼎盛时期，清雍正改土归流后，更是投入巨资疏浚航道，设立专门机构管理航运。"雍正四年（1726年）冬，清吏平乌蒙、芒部，在盐井渡（今盐津老县城）设水陆转运局。由盐井渡航运蜀米供军糈，

除清吏督运官外,还遴选盐津财雄一乡的绅耆赵贵仲,人称赵二员外董其事,经营河运事业。"(民国《盐津县志》)还有资料记载了乾隆年间关河水运的盛况:"晨曦刚起,河道沸腾。划船号子,纤夫歌声,伴着白帆飘飘,舟船竞流。上下船只,四五十艘。岸道上商旅不断,餐旅生意兴隆。沿江而下,呈现出一派热闹气势。"

据《经世大典》记,元代至元年间,曾开浚横江水运,从老鸦滩至叙州(宜宾)设立水站,每个水站安排6只木船转运。由此可知其时横江水运的概况。为什么要转运?主要是整个航道滩多流急,有的地方只能改走陆路。如两碗至楼坝段的九龙滩、横梁子等处,就只能把货物起运走陆路,然后轻舟过滩后再回载。前些年,有人在楼子坝建房时,曾挖掘出疑是仓库的地基,有人推测此处正是当年横江水运的一个物资转运站。由此可见横江河是"搬不完的昭通,填不满的叙府"的必经水道,是川滇交界的重要物资集散地和著名商业大镇横江的必经水道。修建京城的皇木、充实国库的京铜,都需要借此航道通行。丝绸、桐油、桉油、五倍子、药材、食盐、茶叶、布匹和日用百货

❶ 20世纪80年代从横江到达水富的货船

❷ 如今只能看到扯纤拉船的船工们对过去生活的演绎

源源不断地穿梭于川滇之间。然而，横江河水道迂曲、滩陡流急，过去大量的物资通过老式船舶沿横江河运进输出，都离不开横江船工艰辛、无畏的劳作。在拉船行进中为统一号令，具有加油鼓劲、协调指挥作用的横江号子、金江号子应运而生，且分为上水号子和下水号子等多种形式，唱词多为五言和七言。号子的曲目有招架号子、扳滩号子、下滩号子及抛河号子等二十余种，通常是由领头的船工根据前面的滩形水势而领唱，一人领唱众人帮和，音调高低随航行经历和水流缓急而变，具有高亢粗犷、婉转悠扬、风趣幽默的特点，主要有报告水情、提醒地势或鼓舞士气的作用。号子的唱词往往以沿江的山川风貌、人文地理和风土人情为题进行编创，充分展现了船工在险恶的自然环境下的勇敢坚强、粗犷豪迈而又不失幽默的性格，是船工们面对险恶的自然环境顽强抗争、不屈不挠精神最强有力的见证。其中有借助地名描写船工生活凄苦的"马桑凼乱石铺满河，九龙（滩）磨刀（溪）要起货"；有反映船工幽默风趣的"一条花蛇（滩）真歹毒，远望蛤蟆（石）往前梭（爬的意思）"；有反映船工人生态度与生活哲学的"太阳出来三丈三，小小船儿下陡滩，行得正来坐得稳，不怕风吹浪打翻"；也有描写本土物产的"干

鱼五酒真不错,铁锤铜鼓遇石锣";还有即兴而作、没有固定格式的,一路上见子打子,眼睛看见啥子吼啥子,凭借自己的脑壳来想象发挥。节奏就像横江河水声一样时而急促,时而悠扬,时而雄浑,如"大江东去有新滩,舟子狂呼行路难,我道漫言滩水恶,客书无不报平安"。据 92 岁现居横江的老船工冯旭奎说,河运最繁忙时期,舟楫往来,船工多达上千人。

少年时的许多事情早已淡出了记忆,但在 20 世纪 70 年代多次乘货船过横江到金沙江再到宜宾的记忆至今历历在目。那时候堆满货物的船舱通常只能搭乘十来个人,能够不走路而坐船是很奢侈很幸福的事情。踩着长长的跳板上船,领桨一声吆喝,船工们随着号子一起发力,把船从岸边推入河中,再翻身上船。领桨又一声令下:"开哟……"一二十个船工紧握船桨,齐声应和道:"划哟……嗨哟,嗨哟。"有节奏地奋力摇桨,开始与激流搏击。遇到险滩,每个人的心都提到了嗓子眼上,只见湍急的水喧哗着咆哮着猛烈撞击木船的船头,激起高高的水浪。一二十名船工行动如风,没有一个敢怠慢,没有一个心有旁骛、偷奸耍滑,都会一边以极快的速度游到岸上,一边迅捷地把扯扯儿(拴在肩上连接纤缆的布条)另一端别到纤缆上。只要把扯扯儿别到纤缆上,在嶙峋乱石间船工的腰马上就绷成了一张弯弓,而纤缆就

木制的人工船早已没有了,只有这种铁制的机动船往返于横江两岸

❶ 横江水运曾经的盛况
❷ 横江客渡

如弦上的箭。他们深深知道,每一个险滩,都是夺命的关口。只要有一个人胆怯,哪怕是一个小小的胆怯的闪念,也可能酿成不可思议的惨祸。他们毫无选择地把手指抠进岩缝中,作为生命的抓手,赤裸的脚板则要尽量在尖利的乱石间寻找缝隙。如果货船过重,或者水流过快,他们爬行的姿势几乎是匍匐在地。夏天他们顶着炎热的骄阳,冬天他们跃入刺骨的冰水,苍凉无情的崖石上,只有汗珠碎成了八瓣,只有纤夫从胸腔中挤压而出的"嘿咗、嘿咗、嘿咗"声如闷雷滚过……在几十分钟的拉纤过程中,一二十个船工以近乎凝固的姿态把险滩上轻则十几吨、重则几十吨,乃至百余吨的木船"嵌"在自己的肩头,最终成为战胜险滩的胜利者。他们在拉纤时含泪而唱的拉纤小调,在顺风顺水时唱得有滋有味:"三尺白布四两麻,做个扯扯儿把滩拉。大坪大蹚各顾各,石旮旯里脚蹬脚。手抠岩缝脸贴地,幺二连三都使力。一声号子一声汗啊,一颗汗珠碎八瓣。一声号子一声胆啊,一声号子过险滩。喊声号子加把力啊,船过滩头把家还……""山对山来岩对岩,四川姑娘有人才,推只船儿过河去,把她娘母接过来。"这些小调是排遣,是寄托,是对美好生活与爱情的向往和追求,更是他们以命相搏的原动力。

在时光的长河里,随着交通的蓬勃发展,汽车、火车运输及动力船代替了人工船,曾经的船工们不再扯纤拉船了,"早上摇橹之声不绝,傍晚纤夫嘿哟声声"的悲苦永远谢幕,船工们酸甜苦辣的生活永远定格,或许只有你懂得横江号子,才能真正懂得横江船工、懂得横江水运,才能真正懂得19世纪后期俄罗斯最伟大的艺术巨匠列宾切入心灵的油画《伏尔加河上的纤夫》:在昏暗迷蒙、空旷酷烈的天空下,一队面容憔悴的纤夫,精疲力竭地在荒芜的沙滩上拉着货船,步子是那样沉重,坚毅的面孔透出饱经风霜的智慧,愁苦的表情显示出生活的无比艰辛与无奈,给人以惆怅、孤独、无助、挣扎、向前之感……

船工拉纤已在脑海里成为沉默中嘶吼的雕像,唯有渐行渐远

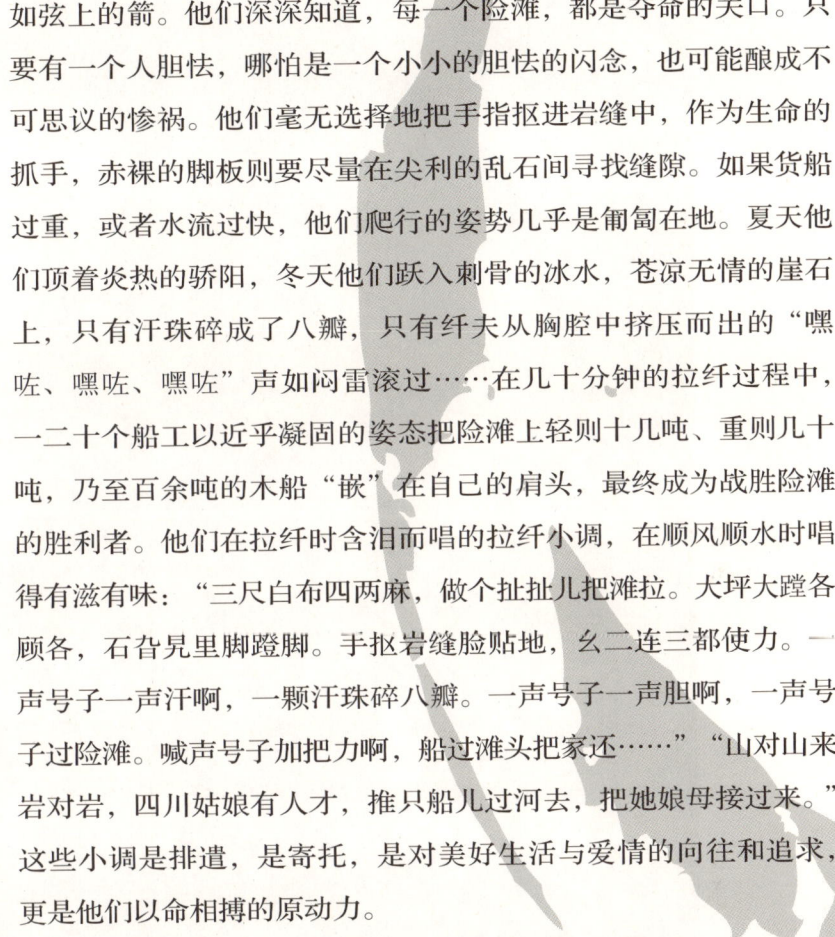

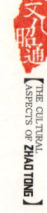

明清采办皇木，像这样的参天大树在从前的水富大地上并不罕见

的横江号子仍然在耳旁挥之不去……如今，水富仅剩 10 余名白发苍苍的老船工能演唱比较完整的横江号子。为了保护这非物质文化遗产，2016 年 1 月至 7 月，水富县文化馆经过多次深入的调查、收集整理、视频制作，最终使集劳动号子和歌曲演唱于一体的横江号子，在 8 月份成功申报为昭通市第四批市级非物质文化遗产保护项目增补名录，被永远定格传承。此刻，再听老船工们以舞台艺术的形式吼起的横江号子，少了低沉与凄凉，多了雄浑与豪迈，又把人带进了千百年来横江两岸河道运输的悠悠岁月。此刻，我想起了著名诗人樊忠慰对纤夫的咏叹：拉不断的绳是江，脱不掉的衣是汗，穿不破的鞋是船，走不尽的路是岸……

文化遗存：时光里不老的文明

> 在岁月的长河中，总有一些记忆立在风中，总有一些繁华归于沉寂，或只留下残砖断瓦，或无声无息地消失。寻着历史的足迹探访，那一座座显赫数百年的古代庙宇、牌坊、祠堂……虽早已无法剥去风雨的尘垢，却能真切地感受到曾经的荣耀与辉煌。

佛教圣地云崖寺

昔日香火兴旺的老云崖寺

云崖寺系 1993 年修复寺庙于水富县城团结路末端、恢复佛事时所改，是水富佛教活动的主要场所。

云崖寺的始建年代已无从考证。相传，清初湖广填四川时，现水富县城所在的坝子是一片森林，人迹罕至。外来移民在开垦土地时，于遮天蔽日的森林中，发现一座古刹，庙内供奉的菩萨、用具完好无损，两张床上，躺着两具圆寂和尚的遗骸，用手一摸蚊帐，却化为灰烬。若以此为据，则此庙当在明末清初以前若干年建成。

团结路末端的云崖寺为古式建筑，红墙黄瓦，宁静肃穆，在一片民房中间格外醒目。寺前有一条干涸的小沟，沟畔是一笼郁郁葱葱的竹林，正对着寺庙的山门。山门两侧，是一对形态各异的狮子。山门门楣上是"云崖寺"三个鎏金大字，山门两侧有对联"金沙水拍云崖寺，玛瑙山横北大门"。从山门跨进寺庙，正对山门的是云崖寺正殿大雄宝殿，两侧为两层楼的

向家坝电站建成后迁建的云崖寺

厢房，一楼为客房、五观堂，做接待、储藏、吃斋之用，二楼为住宿之所，正殿背后是厨房。在厢房的外墙上有"三教堂"三个肃穆的大字，另有几幅完整的壁画，图案精美，笔法纯熟。

云崖寺作为古庙，仅有正殿为古代遗存，这一点可从木柱、壁画、青瓦、墙砖，以及建筑技艺、建筑风格看出来，其余的山门、厢房等均为20世纪90年代新建。正殿是云崖寺的主体建筑，木柱穿架，火砖青瓦，中柱高约7米，共有立柱20根，柱材一说是蒿枝树，一说是马桑树，无倾斜、虫蛀、朽损，实属罕见。正殿既供菩萨，又是佛家弟子做功课的场所，显得非常逼仄。据介绍，中华人民共和国成立后，云崖寺分给了一刘姓人家居住，时大殿三尊石雕佛像还保存完好。"文革"时期，佛像及屋顶宝顶、鳌头均被砸毁，该寺仅存正殿空壳而已。修复后的云崖寺，众多菩萨共居小小庙宇，虽然拥挤，却相安无事，各享各的香火。正殿门上"大雄宝殿"四字，两侧"诸恶莫做，众善奉行"八字，正殿顶上横匾"妙

佛门净地

觉圆明"四字,均系邑人李俊先生所书,木雕鎏金。

2011年,因建设向家坝水电站,云崖寺才建至距离县城5公里的坝尾槽水绥公路旁。寺庙依山而建,焕然一新,气势宏伟。沿石级而上,进入天王殿。天王殿正中供弥勒佛,进门左侧供西方三圣,即慈航菩萨、阿弥陀佛和大势至,右侧供燃灯菩萨、药师菩萨和韦驮天。正上方为大雄宝殿,分左右石级上下。大雄宝殿正上方供释迦牟尼佛像,左供文殊菩萨、地藏菩萨,右供普贤菩萨、观世音菩萨,两侧供十八罗汉;天王殿、大雄宝殿左右两侧是二层楼的厢房和斋房。

寺内楹联,笔情古逸,思致渊雅,书体各异,主要由陈孝宁、谢崇昆、李元明等昭通书法家书写。

天王殿正门前柱楹联为:福气东来峰回路转法相庄严留玛瑙,祥云南现雾散天开梵音美妙度苍生。

天王殿正门侧柱楹联为：寺号云崖佛光普照三千界，山依玛瑙法惠宏施亿万家。

天王殿室内楹联为：鸟鱼忘机一山一水生福境，草木见性九地九天证禅心。

天王殿后门楹联为：佛祖言真谛开山佛法明心底，苍生悟玄机毕生心血造善业。

天王殿正门后柱楹联为：佛显灵地光熹泸水化两峪金江银浪，花妍莲池瑞兆开边辟三江福地洞天。

大雄宝殿正门门楣上高悬"大雄宝殿"匾额，前柱楹联为：云崖倚岭云高地冠四面钟灵山色秀，佛祖凌空佛大法缘千般赐慧雾津开。

大雄宝殿正门前侧柱楹联为：玛瑙佛瑞普照寰宇一声佛号，金

老云崖寺大雄宝殿

江宝刹包藏九天万丈宝光。

大雄宝殿正门前后柱楹联为：佛祖无形拈花一笑大事非中观自在，莲灯有影静态三思空悲喜处见真如。

其他楹联，恕不赘述。

寺内还有石刻《云崖寺记》：

> 寺居云南，崖立金江。曾有寺佛寺、报恩寺、三教堂之称。始建年代无从稽考，癸酉年易名云崖寺。
>
> 斗转星移，世代嬗替。云崖古寺，历经兴废。电站兴工，还址马脑山麓。幸地方首倡力推，邑人共襄盛举，丁亥年定址，戊子年破土，耗资千万，历时五年有余，辛卯年告竣开光。
>
> 云崖寺东望长江玉龙，西承温泉甘露，南依马脑翠微，北映瑞莲千秋。古寺独占形胜，宝刹福泽绵远。佛塑金身、法相庄严，红墙青瓦、气宇轩昂，雕梁画栋，精巧绝伦。
>
> 居雾凝岚，恰是琼楼玉宇；峙岳临江，正是风水宝地；紫气东来，增益美德；佛光普照，广佑苍生。
>
> 是为记。
>
> 辛卯年仲秋吉日立

声名显赫的庙口牌坊

春末的一个上午，树木翠绿得如碧水一般，仿佛要滴下绿来，我们奔向位于中滩溪汇入横江的夹角地带庙口古渡而去。历史上，庙口古渡长期为云南北面口岸，川滇古道要冲，横江航运码头，一度商旅辐辏，往来络绎不绝。而对庙口，顾名思义，理应有寺庙。而事实上，庙口早已无庙，只能从残留的

砖墙、木柱、横梁中找到一点蛛丝马迹，古时候的陈家寺成了传说。但庙宇下方十多米远、曾经的码头上方，一道石牌坊巍然耸立，气势非凡地落进我们的眼底。此牌坊全用青石建造，四柱下地，每一根石柱一人伸出双手皆无法合围，牌坊的顶冠不翼而飞，横梁、斗顶、嵌碑上云卷云舒、水波荡漾，雕刻的麒麟、蝙蝠、松树、梅花等精致唯美、栩栩如生，每一幅图案都寓意吉祥，分别代表了中国传统文化中的福禄寿喜……斗顶前后横梁下"五世同堂"四个苍劲的行楷大字夺人眼目，下方是字体略小的楷书"旌表谭维麒之坊"，中间为"大清道光十四年甲午岁冬月吉立"。前后、左右石柱上均镌刻有对联，可惜字迹被风雨侵蚀，一些模糊，一些成了空白，只能任人凭空猜想。倒是前面两中柱与肩柱间镶嵌的相同铭文隐约可辨："钦命太子太保协办内阁大学士兵部尚书兼都察院右都御史总督云贵等处地方提督军务兼理粮饷事部堂阮钦

庙口牌坊

命太子少保兵部侍郎兼都察院右副都吏巡抚云南等处地方提督军务兼理粮饷事 伊 钦命翰林院编修提督云南全省学院李前云南昭通府正堂加五级记录三次恒前署云南大关厅威远抚彝府加二级记录十次杨前署大关抚彝府盐井司谈。"而后两中柱与肩柱间相同铭文为立坊时自维麒以下四世子孙之姓名和官职。这正合了当地人的说法：庙口石牌坊，是清道光年间为"旌表"谭维麒五世同堂家庭和美、人丁兴旺而奉圣旨而建。据说，至今当地一户人家还保存着一

❶ 牌坊上清晰可辨的文字与图案
❷ 庙口牌坊无声地诉说着云南北大门古渡口曾经的繁华

块雕刻有"圣旨"两字的石头。

古人的家族观念，甚至对天道人伦的敬畏、践行和尊重，是今人丧失了的。谭家的兴旺与富贵，可能是另一种造化。当地人则说，是有人嫉妒谭家，以立牌坊遏制或者破坏谭家风水，致使谭家从此一蹶不振。这只是一种臆测，天道忌满，世上再好的事情，再伟大的人物和兴旺的生活，也会有烦恼与败落的那一天。正如《吕氏春秋》所言"全则必缺，极则必反，盈则必亏。" 此乃天道也。世事轮回，沧海一粟。这是云南古北大门了不起的繁盛，这是一个家族了不起的荣光。面对这日渐风化的牌坊，面对残存的图案、文字，在为如何保护而不知所措的痛惜中，我们更清晰地感受到先人无比的智慧与才情，感叹世事无常之起起落落……

风雨飘摇的百年天主教堂

天主教秉承"爱天主在万有之上，并爱人如己"。在水富县两碗镇成凤山山顶，被人遗忘、逐渐成为危房的成凤天主教堂，在风雨飘摇中，似乎在以自己茕茕孑立的身姿，坚守着不灭的信念："无论对这个世界如何失望，都不要忘记内心的慈悲和善念。"

从盐水公路进入石罗街子，再沿着一条土质公路上成凤山，远远地就可以看见摇摇欲坠的天主教堂的遗址，尽管残破不堪，三层木头穿架的"洋房子"原有的气派还是一览无余。近了才发现残存建筑仅余线条流畅、庄重而朴素的经堂和神父住房，但或系危房停用，或半壁坍塌洞穿，危若累卵。唯有五座法国传教士的坟墓完好无损，且做工细腻，雕工精致，有天主教徒在此祭奠，尽显传教士的无限风光和当地能工巧匠的精湛技艺，孤独地诉说着当年盛极一时的夺目光彩，勾勒出天主教在川滇两省的传播线路与变迁，传扬着"善人得享永福，恶人要受永苦"的执着信念……

据水富史料记载：乾隆三十五年（1770年），比利时的艾若望

从法国传教士的坟墓可以看出当地能工巧匠的智慧

成凤天主教堂遗址

神父,从四川宜宾来到盐津县龙溪,播下西方宗教文化——天主教的火种。清嘉庆年间,四川德阳人杨安德勒创建成凤山天主教堂。清道光十年(1830年)法国传教士再度集资修建。深山僻境,教堂宽敞,占地8252平方米,各类房屋100多间,建筑面积4497平方米。另有菜地、公墓、林地。教堂自养,买土地出租。创办云南第一所神学院,名"若瑟小修院",教授国文、拉丁文,培植中国传教司铎(俗称神父)。毕业后送国外攻读哲学、神学,先后培养出唐、李、盛、成姓等十余位神父。清同治元年(1862年)太平军由黔入滇,抵成凤山附近,数千难民入修道院避难。水富天主教虽不普遍,独此一家,然一经入教,信奉甚笃,每天清晨都要做弥撒,每逢周日与宗教节日,须到教堂礼拜,济济一堂,唱赞美诗,聆听教主对其教义的讲演,参与教会组织的有关宗教活动。仪式盛大,气氛热烈祥和。其规诫为善、感恩,对于世道人心,安分守

已，不无裨益。

1951年，成凤天主教第七任教主黄仲良违法，被相关部门逮捕，476名信徒被解散。成凤天主教堂房产、地产均被没收，交成凤乡农民协会处理。1962年，无人管理的原神父住房和经堂划拨给了成凤公社作为办公用房。1984年天主教堂交成凤小学管理使用。其后，小学校及村委会先后迁往山下，空荡荡的成凤天主教堂因年久失修，无人居住，成了废墟，摇摇欲坠，岌岌可危。1990年以黄金万为首的天主教徒集会，1991年教徒发展到864人，修士1人，有经书60余卷。1997年水富县依法开放成凤天主教堂，鉴于教堂已成危房，不能使用，水富县决定对其进行维修。2017年，成凤天主教堂被列入昭通市级文物保护单位。县统战部、民宗局多方协调，积极为教堂维修筹措资金，令天主教徒们振奋。

风雨彩虹，宗教信仰又得以自由，多少灵魂又得以依靠，比曾经的天主教堂更美好的一幅画俨然眼前：山静林幽，河水悠然，农

成凤山外国传教士墓地

① 崖壁上的千年神树
② 拐弯之间就远离城市的喧嚣

田新舍，景色宜人，高大的教堂矗立其间，庄严而肃穆、古朴又典雅。虔诚的祷告声、纯净如天籁的赞美诗在飘满花香、稻香、果香的乡村弥漫……

神秘幽妙的洞溪口

斗转星移，经济的发展与古迹的保护成了一对矛盾，但城市的发展是鲜活的，不能因为历史而变为死城，在发展的同时如何保护成了迫切需要思考的问题。在水富曾经辉煌一时的石板寺、唐家古堡、刘家祠堂、大兴号、周氏宗祠……一一退出历史的舞台。别有洞天的洞溪口，位于横江下游左岸云富街道办事处安江社区万和居民组的吊二嘴和青杆嘴之间，紧邻县城高滩新区，却在一拐弯之间就远离繁华喧嚣，尽显其宁静、清幽、古雅。

这里古道、石桥、石阶，曲径通幽。顺安桥旁，飞瀑流

① 溪流飞练
② 今日顺安桥

泉,溪流淙淙,重重叠叠。沿着弯弯曲曲的石阶而上,一棵遒劲的黄桷树,紧依悬崖峭壁,盘根错节,形同巨伞,密密的树根攀岩壁而上。顺岩壁有一"平边水"的庙宇,庙门对联为"西湖六月景,南海一枝春",供有观音菩萨、财神菩萨、灶神菩萨、药王菩萨和土地神塑像,数百年香火盛极……可惜因"文化大革命"时期的"破四旧"而遭到人为破坏,残缺不全。一夫当关、万夫莫开的石门,青石铸成的四方石碑,原有的庙宇、菩萨塑像早已不知去向,只留下岩壁上栽庙宇木桩的方形石孔,平台上方形的碑座坑,及当地一些佛教人士出资修建的简陋到只能遮风挡雨的庙宇。只留下庙宇岩壁上饱经沧桑、风化斑驳、依稀可辨的两块摩崖石刻,左侧为《拮修观音》,碑宽53厘米、高80厘米,光绪十年(1884年)冬月立。碑文记录了黄元盛、李清臣等28名人士出资、出地、出力拮修观音菩萨之功德。右侧为《新修顺安桥碑记》,碑宽88厘米、高114厘米,碑文为楷体,主要记载了出资人士的姓名,记载了顺安桥是一座三墩两孔的石板桥,长7.26米、宽1.04米、高1.49米,于民国二年(1913年)春3月建成。有古老传说,庙宇旁的黄桷树是千年神树,有求必应,凡是到这里求神拜佛的人,均先拜神树,再拜菩萨,这

❶ 洞溪口天然溶洞内的天窗
❷ "平边水"庙宇栽木桩的石孔残留在岩壁上

里的香火依旧不断……

过庙宇，山路右侧绿树掩映的天然奇石"雷打石""鱼鳅石"巨大、平整、光洁，三五好友聚集此处，沐浴春阳，吟诗作对，闻鸟语花香，听泉水叮咚，当是别有一番闲情雅趣。顺溪流而上，有一天然溶洞，半月形的洞口宽4米、高6米，洞内冬暖夏凉，洞顶为拱形，有天窗，中间夹着一块大石，阳光从两个天窗射进洞里，随着日出日落的旋转而变幻莫测。搭梯子可见洞壁上方刻有五言古诗：结伴寻幽径，衔杯伴玉泉。抗怀千古外，长此乐尧天。落款：乾隆壬寅岁（1782年）清和月，农人肖登朝题。洞中溪水终年不断，水流随雨季雨水大小而变化，出水洞口至入水洞口总长度100米，沿途高矮宽窄不一，最宽处15米，最高处6米。同往的一位兄长在溶洞外的大石上席地而坐，一幅感人至深的真实画面呈现眼前：一个白发苍苍，身着白底黄色暗花唐装的老者，在山水天地间手把二胡，深情

冷水溪石拱桥

投入，倾情演绎，忘我地陶醉于音乐与自然的世界。这不是传说中的神仙，却超凡脱俗，一曲《梁祝》，一如天音天乐，让人感受到纯天然的美妙的环绕音效果，袅袅音韵，不绝于耳……

遗世独立的冷水溪石拱桥

太平镇盐井村冷水溪，有一座鲜为人知的古老的单拱石桥，巍然俯视"鲤鱼挣滩"的天然奇观。桥体全部用石料建成，在漫长的岁月中，虽然经过上百年的洪水冲击、风吹雨打、霜雪侵蚀，却安然无恙地挺立在冷水溪上，始终是当地民众安全出行的要道。

冷水溪属于高寒山区，山清水秀，修竹茂林，溪涧幽深，人烟稀少，现在桥的两端只剩下十余农户聚居。漫步桥上，细细打量，整座石桥主体坚固，石栏杆完好无损。风格简略、厚

❶ 悬于两岩间、高二十丈的石拱桥

❷ 在石拱桥上来来回回走了60年的老奶奶

重，岁月在石桥上风化剥蚀，刻下了道道深深的印痕，深绿浅黄的苔藓，默默地诉说着古桥深深的寂寞。130年前纯手工打造的四座石雕，不翼而飞，桥端牌楼及桥两边桥墩上各持一柄斩妖除魔宝剑，只能是年代久远的传说，而昔日，它们一定是这座桥上最为气派的骄傲。

潺潺水声，寻声远眺，瀑布飞花；俯视，古桥横跨峭壁，正对溪水中一块形如大鲤鱼的巨石，这块石头长约25米、宽3米至5米，石上被人打出的七步石梯仍然可见。有人说这是一条大鲤鱼在溪水中奋力挣滩，更有玄妙的说法，因其背部被人打了这七步石梯，故而这条鲤鱼永远挣不上石滩。传说而已，却让人平添想象。从桥的侧面涉水而上鲤鱼脊背，仰望古桥，沐浴着灿烂阳光的石拱桥如彩虹横跨嶙峋的悬崖峭壁之上，散发出古意十足的独特魅力。

冷水溪石拱桥现为水富县级文物保护单位。横跨山涧"冷水溪"，是东北—西南走向。最大跨度12.4米。桥长14.8米、宽9.3米、高24.15米。两侧石栏高0.86米。建桥初有碑一块，高达3米。后被当地人破为几块，各拼水缸，已找不全。据《绥江县志》记载：冷水溪石拱桥又名高桥。有称仙人修建者，又名仙桥。建于乾隆初年，石工滚砌，工程浩大，悬于两岩间，高二十丈。

2017年11月3日，再去冷水溪石拱桥，原来的美丽已成传说，桥面与石栏杆残破不堪，触目惊心，让人说不出的失落与遗憾。桥下灌木丛生，只闻水声，不见溪流，已无法直观地看见桥的高度。从一丛竹林攀住竹子胆战心惊地滑到岩壁边拍照，

站在桥上,但见桥栏苔藓、落叶密布,桥下灌木丛生,只闻水声、不见溪流,更看不见鲤鱼挣滩的壮观场面

仅能拍到半月形的桥孔上方。于是沿湍急的溪流方向上下绕行一大圈试图下到桥底。从侧面倒是远远地望见了那条大鲤鱼的头在灌木林中若隐若现,无奈最终没有找到去桥下的小路,只好作罢。住在桥旁的一户凌姓人家 80 岁的老奶奶正坐在自家院坝里晒太阳,她说她在这座桥上来来回回走了差不多 60 年了。与老奶奶站在悬于两岩间的桥上,俯身望开去,苔藓斑斑的桥身还是那么坚固,而那些繁茂生长的灌木林正恣意地伸展着枝叶,在阳光下熠熠生辉,哪里还望得见鲤鱼挣滩的壮观场面,望得见老奶奶说的桥下那面照妖镜,还有那把让人充满想象的斩妖除魔剑。

刀光剑影:峥嵘岁月起风云

> 徜徉水富的山山水水,醉在绿色的水、绿色的树、彩色的花中,醉于四季天堂般自然的回响,安稳、踏实、幸福。在这安稳、踏实、幸福中,为了忘却的纪念,摸索故乡的骨节,这块土地上生存繁衍的许多故事和峥嵘岁月里的刀光剑影逐渐清晰。大江两岸那些值得后人铭记的英雄,那些彪悍、血性、战斗的族群便逐渐清晰,太平军、保路同志军、护国军、大刀会浴血奋战的身影就从一片血色中立体地呈现在眼前……生动多彩、可歌可泣,充满神话传奇与现实奇迹。

太平军横江大战

太平军横江之战,是一场生死大战。历经两个月,围追堵截,辗转数百里,一路鏖战,太平军牺牲将领近50人、损兵折将近4万人。清将胡万甫、涂镇南、胡德元、胡东山、卜修明、李正才、罗光军、秦龙鳞、唐大友、匡惟喜等皆毙命,只有左腹中枪的唐友耕侥幸未死……

清同治元年(1862年),石达开于涪州、叙南两次进军失败,决定从宜宾渡江,亲自率主力经贵州大定、毕节插入偏远的云南镇雄州。同时"令头队由屏山县入,令李福猷扎云南副官村(今绥江县中城镇),又令赖剥皮分股绕入宁远府,使官兵不能兼顾,约在米粮坝交界地方与中旗会合先进"。(《石达开自述》)伺机再行动。九月二十七日(11月18日),太平军在镇雄稍事休整,石达开出其不意、攻其不备,兵分五路直扑筠连、高县,李福猷由镇雄出昭通、大关、永善,直指副官村,把清总兵熊焕章与署筠

石达开部曾经驻扎过的古栈道

连知县余元煜打了个措手不及，匆忙率师抵抗，余元煜受伤。十月五日（11月26日），大获全胜的太平军主力弃高县北上，又迅速占领了横江镇，一时间，"横江两岸，聚集悍党数万，夹河为垒，环筑木城土卡，中搭浮桥以通往来，石逆拥众自距双龙场，以为后应。而附近之捧印、张窝皆遍扎贼垒……"（《骆秉章奏稿》）清廷震动，急调大军围堵太平军。太平军

随即处于四面楚歌中，北有重庆镇总兵唐友耕，叙州营都司徐步云、总兵熊焕章，云南参将杨发贵，以及屏山、雷波等县团练，由安边而上，沿金沙江北岸设防；南有甘肃镇总兵何胜必、云南提督肖庆高、臬司刘岳昭等率军由高县、庆符、筠连向横江、双龙进攻；西有云南委员金衡、安宝辰，大关游击冯世兴等在盐井渡、大关一带扼堵，企图凭借金沙江天堑，将太平军一举消灭。大军压境，太平军不得不于十月七日（11月28日），陆路沿横江而下，向滚坎坝之中咀、牛皮滩（今水富县城）进发，水路数十只战船则从横江之明滩（今高滩村笆篓坝岩下）顺流而下。没有料到陆师在中咀、牛皮滩与杨发贵的滇军遭遇，水军在安边金沙江面与徐步云狭路相逢，欲抢渡金沙江的太平军被钳制，为激励士气，太平军出告示："誓渡此金河！……兵士之有功者赏军功检点职衔，功高者赏侯爵。"重赏之下必有勇夫，太平军奋力击沉清战船数艘，大振人心。十月二十一日（12月12日），李福猷部三路迎战渡江而来的唐友耕军，激战至四鼓，无奈清军人多势众，加之金沙江水流湍急、暗流汹涌，

今日水富县城，太平军曾经战斗过的金沙江边

太平军伤亡惨重，河水被鲜血染红，不得不放弃渡江，焚寨撤离，悉数由高滩坝、大漕甲、伏龙口向横江镇、楼子坝一带退却。十月二十八日（12月19日），太平军从双龙场分兵2万，经过罗家坳，再绕回高县县城，活捉了知县丁良俊。第二天，正在高县玉皇观庆祝胜利的太平军遭到了刘岳阳部的袭击，一场恶战下来，太平军节节败退，牺牲了3000余人，急退回沙溪，再退回双龙场安营扎寨。趁此战机，湘军胡中和趁势推进到距回龙场仅5里的地方，中军肖庆高推进到距横江10里的长腰坡（今属向家坝镇水东村），何胜必率湘军右军推进到横江镇东南25里的五宝山，把太平军围了个水泄不通。十一月二十日（1863年1月10日）清军向横江两岸的太平军发起全面进攻，"胡中和督队进攻横江之左（楼子坝一侧），肖庆高、何胜必进攻横江之右；唐友耕会同杨发贵各率所部及陈庆友、徐步云等驾驶战船水陆并进，直攻横江之前"。太平军只

好转攻为守,英勇奋战,最终寡不敌众,左侧的鱼嘴、褴衣沟、上坝等处营寨相继失守,清军步步逼近,至横江镇和楼坝木城。随后,太平军因内部生变,更是雪上加霜,兵败如山倒,将领郭集益、冯百年暗中向清将刘岳阳献书请降,约期举火焚寨。胡中和亦探得横江后山有条小路可通太平军营寨。于是,清军各部约定于十二月十二日(1月30日)全面进攻太平军。这一天,正与肖庆高、何胜必相持苦战的太平军,忽然听到横江镇后传来震耳的鼓声,还未反应过来,胡中和已经由后山小路破卡而入,突遭腹背受敌的太平军只好"三四万人伏墙死拒",并由镇西2里的黄鳝沟营寨的太平军掩护大队突围,与10倍之敌激战2个时辰,直至"铅丸将尽,继以钢铁、碎石",使清军"带伤不少",而太平军的伤亡则惨不忍睹。与此同时,双龙亦遭清军猛攻,郭集益、冯百年与刘岳阳里应外合,举火焚寨。几番合力围剿,太平军大营陷落,横江、张窝接连失守,左岸的太平军连夜撤往现在绥江的会仪、新滩。清军唐友耕、熊焕章部乘胜追击,太平军奋勇迎战,被逼至金沙江边,被早已埋伏在此的另外两路清军伏击,无数太平军战死金沙江边、溺死金沙江水……石达开只得率领右岸的太平军残部,由燕子坡渡横江,最终抢渡失败,而退入云南……

岁月如流,横江河畔,太平军横江大战的硝烟早已散尽,深深地嵌入了历史,唯有用鹅卵石垒筑而成的工事还依稀可辨,如同隔世的"孤独",独立于风中,诉说着曾经……

保路同志军血溅三官楼

初生牛犊不怕虎的保路同志军还未上真正的战场就被清军剿灭,总让人唏嘘感叹"出师未捷身先死,长使英雄泪满襟"。但他们反对清朝统治、维护国家主权的义举让后人永远铭记,热泪

太平军横江之战的遗迹:用鹅卵石垒筑而成的工事

❶ 硝烟早已散尽，一个站名诉说着它的曾经

❷ 三官楼现状，它的过去深深地嵌入了历史

盈盈。

1910年，横江河一带活跃着一帮热血青年，他们宣传、串联反清活动，在老百姓中揭露清朝统治的腐败。为首的是留日归国后居住在横江镇的同盟会员赵端（又名赵华杰），横江镇水河乡大田坝（今属楼坝村）的杨子云（1885—1911）深受其影响。1911年夏，清政府借铁路国有为名，将川汉、粤汉铁路修筑权出卖给英、法、德、美四国银行集团，激起了川、鄂、粤、湘人民的强烈反对。四川同盟会以一封"水电报"的形式广而告之，号召全川人民积极行动，组织起来，树起义旗，保护主权，推翻清朝统治。"水电报"传到横江沿岸，民众声援，似有排山倒海之势，掀起了如火如荼的保路运动。杨子云更是义愤填膺、热血沸腾，当即与本乡青年商议决定成立保路同志军。随后，设义军筹备处，通告远近，杨子云回家将家产抵押400两银子，购买10余支后膛枪、12支抬枪，精挑38位青年，水河乡一支保路同志军迅速组织了起来。当年9月，他们告别父母或妻儿，跋山涉水，风餐露宿，沿横江而下，历经艰辛，终于到达柏溪城（今四川省宜宾县城）外。宜宾县令孙仰芳派专人"隆重迎接"，毫无战斗经验，一心只想追赶先期出发的大关河保路同志军的他们，毫不设防，欣喜地跟着一路进城。当行至距宜宾城5公里的三官楼时，孙仰芳事先安排埋伏在此的清军将同志军团团围住，一瞬间，这些年轻的生命有的还没有回过神来，已倒在血泊之中。一场激烈的战斗打响，密集的枪声震耳欲聋。敢死敢拼的同志军立即抢占有利地形，奋力拼杀，让孙仰芳部付出惨重代价，心惊胆战。但保路同志军终因众寡不敌、弹尽力绝，被灭绝人性的清军剿灭，38位年轻的生命画上了血色的句号……

白驹过隙，变与不变是恒定的规律。地名不老，三官楼依在。从柏溪江坝口乘坐1路公交车到宜宾市，来来往往的人们或许少有人会留意第17站——三官楼，但这三个字却在我的

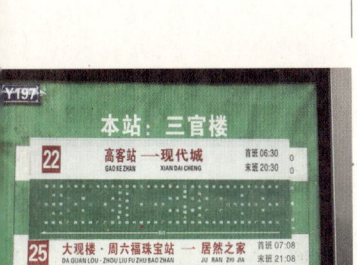

眼里格外醒目，无数次地放大、延伸，让我在时光隧道里，一下子辨认出 38 位青年戛然而止的生命依旧站立在那里！

护国军鏖战川滇古道

熟悉蔡锷将军故事的人很多，但护国军鏖战川滇古道、英勇杀敌的故事却鲜为人知，只有极少数的老人还记得当年护国军在这里鏖战的点点滴滴……

孙中山辛亥革命后，袁世凯窃取其革命果实，于1915年12月12日，在北京称帝，建立了北洋军阀统治，遭到国人反对。12月25日，表面支持帝制的蔡锷和唐继尧在云南宣布起义，发动护国战争，通电全国，组织护国三军，多方势力讨伐袁世凯，反对复辟帝制。12月27日，以蔡锷为总司令的护国军第一司令部成立。当日下达动员令，命令第一军第一梯团刘云峰率领1000多人为先锋，从昆明出发，经过昭通，直取叙州（今宜宾市）。袁世凯闻讯，立即调兵遣将，在四川、湖南布置重兵阻击，

❶ 一江之隔，护国军曾经占据的小岸坝现状

❷ 硝烟早已散尽，今日水富高滩、滚坎坝现状

把四川将军陈宧从川北调北洋军第四混成旅（旅长伍祥桢）到叙州布防。1916年1月10日，袁世凯又任命已进驻叙州的伍祥桢兼任川南镇守使，下迄南溪县（今南溪区），上达安边镇和横江镇，均属防地。护国军刘云峰梯团过大关、盐津，于1916年1月16日，刚刚行抵川滇地界燕子坡、黄泡儿嘴、捧印村（今属宜宾县双龙镇）、盐津县滩头乡，就与沿线伍祥桢的北洋军守军交火，打响了最为激烈的燕子坡攻击战。捧印至横江附近的黄桷铺守军，系混成旅的两营兵力，人多势众，但士气旺盛的护国军

川滇古道上的马蹄印记述着护国军的点点滴滴

以少胜多，一鼓作气，于1月17日再次发起攻击，一举破敌，当天就抢占了横江镇，把横江作为军事要地。北洋军仓皇败退至滚坎坝（今水富县城）。心有余悸的北洋军不敢恋战，为了安全起见，便于防守，迅速在坝尾槽与安边镇之间搭浮桥强渡金沙江。然后拆毁浮桥，在安边镇后山泡菜坛、牛尾槽、莲花池、棺木岩等地设防，凭江据守，封锁江面。护国军乘胜追击，随即进占滚坎坝、小岸坝、高滩坝、火焰山等地，在滚坎坝后面的二陡岩、小岸坝后面的火焰山等制高点设置了炮兵阵地，军队分驻在滚坎坝的双江、沙坪、狗儿窝、祖山和火焰山附近的农舍里。

北洋军做梦也没有料到，大浪滔滔的金沙江也没能护佑他们。1月19日傍晚，护国军发起进攻，二陡岩和火焰山的大炮猛轰安边镇北洋军阵地，炸得北洋军鸡飞狗跳。他们万万没有想到，月黑风高的夜晚，滚坎坝一线正面进攻的护国军只是佯攻，另外两支奇兵，正神不知鬼不觉地向安边镇包抄而来。一支从滚坎坝上游大兴号渡江，在农民郭银之的带领下，经鹰嘴岩、烂田湾后，到了棺木岩顶。另一支从小岸坝下游的打鱼村渡江，在棺木岩下登陆。黑灯瞎火，天降奇兵，棺木岩惊惶的北洋军被两面夹击，毫无抵抗之力，死伤惨重，走投无路之中，不少北洋军跳江而逃，却大多溺水而亡。招架不住护国军的猛烈进攻，余下的安边北洋军只好经五桂和豆坝一带败退到柏溪镇。1月12日，护国军大获全胜，顺利进占叙州（宜宾）城，入川首战告捷。

流芳百世和遗臭万年，契机只在一念之间。今天，在水富县城周边一带，再也找不着护国军曾经痛击北洋军的战场，一切了无痕迹，但在水富民间仍有一首颂扬蔡锷将军的民谣流传：

领三军，向东行，为讨袁贼把兵行。
问民病，察民情，劝种桑麻与深耕。
雪三关，永宁城，旌旗千里无人闻。
沙场之外闹哄哄，儿童路上笑盈盈。
扁舟点水似蜻蜓，五月熏风好晚晴。
青草绿浸岩畔马，夕阳斜投水中云。
双双归鹤绕桡行，银袍葵扇映分明。
尔何人？尔何人？牧童伴，渔翁邻。
江南故都督，护国总司令。
七千健儿新首领——蔡将军！

大刀会抗捐斗争

楼坝对岸的横江镇，地处川滇黔接合部，是出滇入川的一个重要关口，也是古代川滇的五尺道、南夷道的必经之地，在繁华显赫的同时，也成了历代兵家必争之地，兵灾匪患、天灾人祸不绝。因此拉丁、派款之事层出不穷，民众不堪重负、亟思反抗。

刘明吉与官兵斗法的三锅桩，因三块天然巨石鼎立而得名

1926年，金沙江下游一带以凌、李两大姓为首组织了大刀会（即红灯教）。该会教师韦公寅联络水河乡绅刘明吉（字吉成，今永安村矮田坂人）以传授"刀枪不入"之术吸引民众，在水河乡组织红灯教，发展大刀会会众。

刘明吉组织发展大刀会，引起了驻横江镇上的关河清乡司令肖席珍的注意。1930年7月，肖席珍借口修建横江官邸，向刘明吉借款，一方面想探其组织大刀会之实，另一方面想达到勒索钱财的目的。刘明吉不从。肖席珍大怒，派出一个排的兵力到矮田坂刘宅向刘兴师问罪。殊不知刘明吉早有防备，凭借坚固的碉堡，率团丁沉着应战，发射土炮，当场击毙其排长。消息传到肖席珍耳里，肖席珍火冒三丈，又增加人枪至一百余人，派兵包围刘宅，硬攻软诱均不得逞，双方相持数日，肖只得将部队撤回横江。时值刘文彩驻防宜宾，大收烟苗捐，肖席珍与其关系密切，遂向刘文彩谎报军情，妄称民变，告发水河乡刘明吉抗捐抗税，反抗官府，组织乡民暴动。

得罪了肖席珍，刘明吉自知横祸即将来临，迅速扩大力量。8月17日，刘明吉率领的大刀会正式打出抗捐旗号，公开接收门徒，"演

肖公馆现状

20世纪60年代时的肖公馆

法、排刀、书符、念咒",呼喊"打倒贪官污吏""废除苛捐杂税""不当壮丁"的口号,坚定乡民信仰,组织反抗官府。许多乡民正苦于无法缴纳刘文彩的烟苗捐,一时从者甚众。8月末,刘文彩派出宜宾驻军第八团一个营的兵力,到永安村镇压大刀会。刘明吉派大刀会三个法师,身披红衣,头裹红巾,手提宝剑,站在三块巨石上施法,与来敌对抗,其部大都使用马刀、长矛,少有枪支,尽管碉险难攻,喊杀声雷动,却也难以抵挡刘文彩部的机关枪、迫击炮、山炮等武器的攻击。战斗数日,双方均有伤亡,尤以大刀会为甚。刘文彩部继续增至千人以上,日夜猛攻。刘明吉虽得到周边大刀会的支援,终因势单力薄、武器落后,渐渐不支。9月中旬,刘文彩部用迫击炮轰开刘宅围墙,放火烧了刘宅。刘明吉不得不率众突围,从张窝过河,占据了楼坝对岸的石城山。刘文彩部又回师追至石城山,搜捕围剿,将明万历年间修建的古庙万松寺全部烧毁。刘明吉在捧印、张窝大刀会的帮助下,率众连夜从石城山后山悬绳而下,再渡横江河,逃往宜宾屏山县鸭池乡一带,继续组织大刀会。三个月来,刘文彩部的全部给养都加在横江两岸民众的头上,民众苦不堪言。

12月中旬,刘明吉又率大刀会反攻宜宾安边镇,被刘文彩迅速派兵镇压。刘明吉战死,余众全被剿灭、击散。至此,水河乡大刀会抗捐斗争彻底失败。

如今,太平盛世,横江两岸,物阜民安。唯有刘明吉与官兵斗法的三锅桩,那三块天然巨石还在庄稼地里矗立着;唯有刘明吉率大刀会与刘文彩交战的石城山还巍然挺立着,无声地诉说着曾经的刀光剑影……

艺术瑰宝：苍凉日月下散落的珍珠

> 有花就有实，有香就有色，有梦就有激情。大地的任何地方，都留有丰富、深刻的历史痕迹，但大多数都自行消失或者被自然、时间篡改而默默无闻。然而，在民间文化这片艺术的海洋里，许许多多快要遗失的瑰宝，许许多多藏匿着的美丽，依然是苍凉日月下散落的珍珠，绽放着耀眼的光芒……

异彩纷呈小彩龙

2005年10月，在昭通市首届少数民族传统体育运动会上，当掌声像涨潮的大海，淹没演出大厅时，水富县的表演竞赛节目小彩龙为民运会健儿和昭通人留下了深刻的印象，小彩龙节目及其编导兼教练马兆祥均获得了一等奖的殊荣。而早在1988年小彩龙就被收入《中国民族民间舞蹈集成·云南卷》一书，马兆祥个人受到云南省文化厅、云南省民族事务委员会、中国舞蹈家协会云南省分会的表彰；1990年5月应邀参加广州欢乐节，被誉为"乌蒙山中的一条金龙"。

自古以来中国人把中国的文化喻为龙的文化，把中国人喻为龙的传人，并引以为荣，并由此而敬龙、尊龙、爱龙，产生了龙灯、龙舞等等人们喜闻乐见的民间艺术。小彩龙即是反映劳动人民娱乐活动的民间灯舞之一，它由板凳龙演变而来。据《民艺简史》载：唐太宗访高丽时，大臣们恐海涛惊扰圣驾，造成皇宫式海船，瞒着天子过海，另造龙船若干在周围护驾，这就有了想象丰富的云龙形

式。后唐明皇征召优人,设置梨园,欢歌载舞,结彩张灯,壮其华贵。优人们为讨天子欢心,按云龙之形,改造为龙灯。小彩龙即其中之一。小彩龙由龙头、龙身一、龙身二、龙身三和龙尾组成,一般分五节,由三人舞动,龙头一人掌持,其余两人各持龙身、龙尾起舞。清脆悦耳的锣鼓点子指挥着彩龙按严密的套路上下翻飞,给人龙腾虎跃之感。后主要在春节、元宵节、清明节、端午节、中秋节等民族传统节日期间表演,且一代一代得以流传下来。

中华人民共和国成立前,小彩龙在滇川交界的金沙江一带广为流传。小彩龙传统固定套路(耍法)有36种和数个锣鼓点子曲牌。70多年前,水富县新寿村民林禹模、林育星拜四川宜宾王某为师,只学会了20多种,在新寿一带很受欢迎。到20世纪90年代末林禹模老师傅过世后,林育星及其徒弟李永忠、林友端、李永银等又常年外出打工,小彩龙逐渐失

二龙戏珠

① 小彩龙：昭通市非物质文化遗产
② 金蛇狂舞

传。1988年，马兆祥老师参加收集，也仅整理出开四门、节节跳、一二三跳、苦竹盘根、黄龙缠腰、龙摆尾、龙吃尾、龙抱柱、蛤蟆晒肚、犀牛望月、龙会尾、黄狗钻裆、金蛇脱壳、燕撇翅、三调身、观音坐莲台、风车绞绞、魁星点斗、蚂蚁搭桥、关四门20个套路。同年经当时的地区文化局、群艺馆将其和鲁甸、昭通"四筒鼓"合创为"龙鼓舞"，在云南省戏剧节主会场"民族民间歌舞晚会"连续演出了13场……昭通市举办首届民运会时，要求演出小彩龙，在没有传承人，仅靠资料，演员又全是生手的情况下，仅一个月时间，在马兆祥老师的带领下，演员们就让已经失传近20年的小彩龙重展风采，在昭通首届民运会上获得了巨大的成功。

2006年小彩龙被列入云南省第八届民运会表演项目，以神龙趣事，展示昭通精神。马兆祥作为新一代传承人被聘为教练之一，他对小彩龙进一步的发展、创新，让5条小彩龙同台表演，在原有20个套路的基础上又增设了龙宫布阵、捣海翻江、呼风唤雨、满门飞彩、新岁献瑞等套路，并根据龙的神奇特性，设计出火龙吐火、水龙吐雾、木龙含花、金龙吐剑、土龙飞沙等特技表演，还就音乐和小彩龙的制作进

保护与传承

行了推陈出新。音乐以大锣、大钹、堂鼓、小马锣、木鱼等打击乐器为主，配以唢呐、芦笙进行伴奏。小彩龙在原来民间规定全长一丈八尺（一起发）的基础上，根据需要略做增大，对龙头进行"镶金配银"，装置"吞吐机关"。

2017年，"小彩龙"民间艺术培训作为水富县文化馆免费开放工作的重点之一，经过精心筹备，于3月13日在云富街道办事处邵女坪社区启动。15名社区居民自愿参加培训活动。在观看了培训老师的表演后，学员们兴趣高涨，虚心向老师们请教龙头、龙身和龙尾的动作技巧，老师也耐心地手把手地教。通过老师在前示范，学员在后演练，这支"小彩龙"队伍很快就基本掌握了"小彩龙"的基础动作技巧。"小彩龙"作为昭通市非物质文化遗产保护名录，是反映劳动人民娱乐活动的汉族民间舞蹈，传统的规定套路（耍法）具有独特的民族民间文学艺术价值和历史价值。这次队伍的组建，让人欣喜地看到这一非物质文化遗产项目正成为水富文化产业发展的品牌得到有效的保护与传承，让这一珍宝更加异彩纷呈。

诙谐朴实的车灯

水富曲艺"车灯"以独具特色的民俗文艺形式，以其诙谐、朴实的艺术风格和浓厚的乡土气息，在水富民俗文艺活动中占有重要地位。2014年4月，水富"车灯"第三代传承人冯奎被命名为昭通市市级第二批非物质文化遗产项目代表性传承人。2017年6月2日水富"车灯"列入云南省第四批省级非物质文化遗产代表性项目名录。

据载，车灯艺术兴起于北宋时期的开封，由中原逐渐传到了四川，随着车灯艺术的发展，逐渐融入了锣鼓、花枪、快板、小演唱等民间艺术风格。在民国时期传到了四川宜宾县

车灯传承人冯奎的表演

辖的水河公社（如今水富县向家坝镇水河村和大池村），当时红遍四川的著名车灯艺术传人曾绍清（艺名童金花）收水富邓岳安、周开金为徒，传授车灯艺术并在民间大街小巷、红白喜事中演出。20世纪70年代，邓月安、周开金收冯奎的父亲曹仁金、周茂纯等人为徒，1981年在楼坝区（如今的水富县向家坝镇）成立车灯队进行演出。车灯主要分布于今向家坝镇。

车灯主要是春节期间在农村演唱。演唱之前，也要由口才好的艺人说"四言八句"来朝贺主人家。主人家除了对艺人们的吃、住负责，另外还要给"红封钱"作为报酬。一年四季的其他农闲时候，如农村建新房、娶亲、做生、送葬等都要请到车灯艺人来专门演唱。而整个车灯的演唱过程有：开场白—日白歌—进门调。主要节目（正调）包括：小演唱、花枪、快板、三句半、相声、车灯小调—辞别调—辞别词。在车灯唱法中，主要以一人唱正词（领唱），其他人帮腔唱衬句。水富车灯有三个灯调：正调，从古流传至今的主要唱腔；下河调，宜宾以下沿河一带的唱腔调子；南路调，从贵州威宁一带传入的唱腔，只是一个小演唱中的一种，在水富几乎没有传承。

水富车灯主调多是宣传政策法规、移风易俗，风土人情。在同一台词中下河调重复得多，演唱时间长，正调重复最后一句，而且正调的唱腔比较好唱、比较直接，通俗易懂，能让大家多听一些唱段，一直到20世纪90年代都深受水富周边地区老百姓喜爱。冯奎在继承传统表演艺术的基础上加以创新，先后向亲友、工友30余人教授车灯传统套路和表演技巧。同时带领车灯表演队，利用节假日或农村红白喜事进行表演，并多次参加市、县民族民间文艺汇演。在2008年举行的"昭通市首届民族民间文艺会演"中获三等奖，使民间传统舞蹈"车灯"得到有效保护和传承。但随着时代的发展与生活节奏的加快，唱车灯、听车灯的人越来越少，2014年经水富县文化部门积极争取，省财政厅以《关于下达2014年农村文化以奖代补专项资金的通知》下达给水富车灯保护与传承经费10万元。资金到位后，水富县文化部门组织冯奎等专业人员对车灯在传统表演的基础上进行升级改造、包装。冯奎在水富重新收徒弟二十多人，屏山慕名而来学习的也有二三十人，而且一改以往只收男徒弟的惯例，女徒弟也有了十多人。水富车灯又开始在大型赛事及大型活动中一展风采。

冯奎是个敦厚的汉子，说起车灯如数家珍，唱起车灯更是兴致盎然。他自豪地说自己是向家坝镇大池村龙兴村民小组村民，自幼就对车灯表演艺术有着浓厚的兴趣，8岁师从其父，系统学习车灯表演；9岁已可登台表演；17岁便能完成全套车灯表演。保存有清朝末期民国时期及祖师爷的唱词版本30万字。记得的车灯唱词起码有10万字，一口气可以连唱两天。自己通常扮演男角，与幺姑儿戏耍，称逗幺姑儿，又称线帕或帕子匠。冯奎四兄弟都会演幺姑儿，但主要是其哥冯学林男扮女装扮演。幺姑儿通常"坐"在色彩艳丽的花车里，随时代村姑打扮。在旧社会里，女人不能抛头露面，"幺姑儿"就由年轻男子搽脂抹粉，涂口红扮女人表演。很多人不愿

意干，怕受到别人的奚落，据说"坐过车"的"幺姑儿"男人耍女朋友都难。所以冯奎原来只收男徒弟，直到2007年才开始收女徒弟。如今，最受欢迎、吸引人的是男女二人的小演唱。最热闹、喜庆的是两人以上的《打花枪》。花枪是由竹子做成，长约1.2米，中间穿铜钱，后因铜钱逐渐消失，又容易打断竹子，改为了铃铛。《打花枪》一人领唱、众人帮腔，帮腔可随意随景，少时可以一人，多时可以成百上千，其场景蔚为壮观，声音响彻云天。说着说着冯奎就唱起来了车灯小调："说车车灯从唐朝天子来兴起，宋朝天子来开张，宋朝江山正兴旺，不觉朝内出奸宦。宋王有个仙娥女，人才美貌正青春，奸贼害她不容情，后来遇着好心的王翰林，二人共同唱车灯。为了逃命出关口，唱着车灯出京城，唱灯本是仙娥女，逗灯本是王翰林。那时才把车灯唱，从古到而今，说一段，唱一段，又说又唱才漂亮。青菜白菜牛皮菜，蒜苗葱子豌豆尖，黄瓜白菜薹，妹儿去摘菜，打湿绣花鞋，妹儿呀，你是一个犟拐拐（犟乖乖），跩多跩多快回来。"

冯奎兴致高昂，又唱了一曲《打花枪》："一根竹儿嫩悠悠（帮腔：扭呀扭连扭），生在深山老林头（帮腔：荷花扭灯连海棠花），今天落到我们的手（帮腔：扭呀扭连扭），造成花枪天下游（帮腔：荷花扭灯连海棠花）；南京好走南京走（帮腔：扭呀扭连扭），北京好耍北京游（帮腔：荷花扭灯连海棠花），南北二京都走过（帮腔：扭呀扭连扭），今天来在贵府坝子头（帮腔：荷花扭灯连海棠花）。"

原来帮腔是固定格式，一听就会，让人忍不住跟着就唱起来，难怪可以成百上千人同唱。而冯奎这个朴实、执着的汉子，若是男扮女装扮演幺姑儿，本身就给人一种幽默、喜乐的感觉。

打花枪表演

口口相传的民间歌谣

水富这个地方自古就是丰饶的,在时间长河中,容纳了无数的人及其创造的历史、文化和文明,只是大多数被湮没了。我们这一代是唱着民间歌谣长大的,但那些熟悉的歌谣却被我们搁置在一旁,并逐渐遗忘,又忆起。

水富歌谣主要有童谣、情歌、打鼓薅草歌、哭嫁歌、哭丧歌等。

小时候,我最喜欢大人坐在板凳上,伸直双脚,任由自己坐在他们的脚踝处,然后彼此手拉着手,身体随着儿歌节奏一起一伏一起念儿歌:"推磨摇磨,推豆花,赶晌午,幺哥不吃冷豆腐。罐罐煨,罐罐煮,罐罐打烂泥巴补,一补补个歪屁股。"念到末句,夸张地往侧边一歪,大人小孩笑得合不拢嘴。也喜欢听着摇篮曲入睡:"小枕头,朵朵花,中间睡个胖娃娃。娃娃乖乖睡,妈妈去开会。大会开得好,斗争癞疙宝。"看见天上飞翔的大雁,一群孩子就仰望天空,兴奋地喊:"雁鹅雁,牵条线来看。簸箕圆圆,铧口尖尖;排人字,扯扁担,扯拢江边早吃饭。"看见许久不下雨就对着天空吼:"老天爷,下大雨,保佑娃娃吃白米。"或许是受抗战电影的影响吧,玩游戏时还不约而同地一起常念"天不怕,地不怕,只怕汉奸打电话"。捉迷藏时念:"黄鳝的脑壳不要伸出来。"上山捡柴时念"这山望到那山高,我们山上捡柴烧。你在那边捡一捆，我在这边捡一挑"。逗孩子玩时念："烟子烟，烟上天，大郎骑马二郎牵。大马拴在鹅桐树，小马拴在石榴边。石榴边，一对鹅，飞来飞去接公婆；公婆不吃油炒饭，要吃河边水鸭蛋。公一碗、婆一碗，幺儿媳妇大半碗；猫儿添菜板，看牛娃儿添锅铲，娃娃儿转来光眼看，饿得娃儿伸叫唤。""大月亮，小月亮，哥哥起来学木匠。嫂嫂起来蒸包子。包子蒸得喷喷香，打起锣鼓接姑娘。姑娘矮又矮，嫁给爬海（螃蟹）。爬海脚多，嫁给八哥；八哥嘴尖，嫁给犁耙；犁耙弓背，嫁给陶妹，陶妹逃走，嫁给毛狗；毛狗臊臭，嫁给幺舅；幺舅嫌她，嫁给田家；田家笑死，嫁给鹞子；鹞子飞飞，嫁给乌龟；乌龟点头，嫁给牯牛；牯牛角叉，嫁给菩萨。菩萨一把火烧死她。"现在想起来，都情不自禁地笑出声来。

每年看到黄萝卜一上市，就知道快过年了，孩子们就特别兴奋，声音也特别清脆："黄萝卜，蜜蜜甜，看到看到要过年。过年又好耍，调羹舀汤汤，筷子撵膁膁（夹肉的意思）。""过年真好耍，二十七八推粑粑，三十晚上吃膁膁。初一早上吃汤粑儿，老婆婆收拾坐到耍，姑娘收拾去挑花，小娃儿忙把毽子打，媳妇儿收拾回后家，只有老者儿没事干，三朋四友打长牌，银钱输了二百八，哭兮哭兮才回来。""幺儿幺，捡柴烧，捡不到，要挨叨。幺儿幺，耍关刀，刀儿快，好切菜；菜儿甜，好过年，过年好拿压岁钱。"蹦蹦跳跳地一边跑一边唱，一首接着一首地唱着，乐此不疲，透着满满的喜悦与欢快。

水富的情歌含蓄隽永，幽默风趣，以物比兴，深情款款。如："哥在外头学鸟叫，妹在窗前把手招。妈问女儿做啥子，我放下针线伸懒腰。""大河涨水起漩涡，小妹淘米用手搓。心想留人吃早饭，米筛关门眼眼多。""对面山上好姑娘，坐下弯腰把线穿，两只巧手织花带，送给哥儿系花衣。""妹妹心意哥早知，寻草坐下慢慢思，弯腰细细草鞋打，送给妹妹脚上穿。""花带草鞋本意深，交换到手心连心，朝暮相思情不尽，终身伴侣早日归。"再如："黄桷树儿黄桷丫，对门对户打亲家。亲家儿子会写字，亲家姑娘会剪花。大姐剪的灵芝草，二姐剪的牡丹花。只有三姐不会剪，丢下剪刀纺棉花。一天纺得十二斤，送给哥哥做手巾；哥哥心不平，放到高山苦竹林；要柴烧，柴又高；要水吃，水又深。打湿罗裙不

如今，打鼓匠杨元吉只有在兴致来时才会背起鼓敲上一阵，唱几嗓子

要紧，打湿花鞋万千针。"这些情歌多半以说唱形式流传，现在诸如周杰伦这些歌星的说唱歌曲该是深得这些民间歌谣的传统风格吧。

而水富歌谣最丰富、最耐人寻味的当属濒临失传的《打鼓薅草歌》。《打鼓薅草歌》是集体劳动薅草时，为激励干活人的士气而唱的山歌。唱法由打鼓匠边打鼓边领唱，众人和唱。通常是打鼓匠唱两句，众人和一句。因此，打鼓匠除需要安排劳力得当、指挥薅草有方外，还要会编、教、领、唱打鼓薅草歌。打鼓薅草歌有长调、短调、四平调、百花调、麻雀调、瓢瓜调等，唱法上有独唱、齐唱、领唱、轮唱以及说唱等。唱词内容从古至今，从天上到人间，从神话到生产生活、从传说到实时景物，应有尽有。如今，集体劳动的场面已难得一见，没有几个人能唱《打鼓薅草歌》了。兹录数首。

一、《清早歌》：

清早起来去看秧，秧苗露水白如霜。
一愿秧苗早栽种，二望儿女早成双。

清早起来上高山，心急哪等露水干。
露水再大也要去，情妹等我在深湾。

清早起来雾腾腾，看到树桩像个人。
抱到树桩亲个嘴，慢慢想起好笑人。

二、《早饭歌》：

吃了早饭饭下怀，槐枝槐丫掉下来。
风不吹槐槐不动，手不招郎郎不来。

眼看情妹把碗收，丢个点子后阳沟。
听见阳沟点子响，瓢儿刷把一齐丢。

三、《迎太阳》：

东方起朵云，西方雾层层。
四方云撤雾，显出太阳神。

麂子出了山，画眉飞出林。
打起花香鼓，迎接太阳神。

四、《吃烟歌》：

说起吃烟不要捱，急忙找个歇气台。
锄把放横当板凳，情哥情妹坐拢来。

吃了烟来要起身，别把黄土坐成坑。
黄土不是懒板凳，坐死泥巴草不生。

五、《送郎歌》：

接郎回来送郎回，把郎送到哪里回。
把郎送到猪圈头，手把猪圈眼泪流。
娘问女儿哭啥子，猪儿咬到脚趾头。

接郎回来送郎回，把郎送到哪里回。
把郎送到灶门先，湿柴烧火满家烟。
娘问女儿哭啥子，火钳烫到脚尖尖。

六、《送太阳》：

太阳落坡阴过河，铜盆打水喂家鹅。
家鹅不吃铜盆水，妹不睬郎没奈何。

太阳落坡坡背黄，小妹出来收衣裳。
衣裳搭在手背上，摇摇摆摆进绣房。

七、《收工歌》：

蒿枝关了门，路上无人行。
还不收活路，路上鬼打人。

看到看到天要黑，问声情郎哪里歇。
情郎是个痴汉子，哪里合适哪里歇。

山吞太阳漆黑天，情哥摸黑在路边。
三个姐妹心肠好，两个扶来一个牵。

至于哭嫁歌、哭丧歌，如今能唱的人已经少之又少，大多数人甚至没有听到过，在此也录几首。

一、哭嫁歌：

开口哭嫁

我娘后园雀鸟惊，惊动我娘忙起身。
莫听山中野鸟叫，要听女儿哭开声。
我娘苦情苦过了，你儿苦情才起根。
女儿泪似金江水，眼泪汪汪如水倾。

哭花轿

往天放炮隔山垭，今天放炮到我家。
往天花轿门前过，今天花轿到门下。
往天唢呐门前过，今天我家吹唢呐。
朝门脚下栽溜花，短（拦）到大轿莫到家。
大轿到屋来做啥，哭声爹来哭声妈。
你把女儿放穷家，来时招待猪肘小。
你把女儿放富家，花果茶酒格外加。
养女真是费心大，今天离家到婆家。
女儿万一有差错，千万不要说闲话。
慢慢持家受人夸，细水长流慢添花。
你女出阁爹娘挂，不久你儿来看家。

娘哭女

柑子叶儿绿茵茵，娘把女儿叫几声。
从今以后要独立，我儿现已长成人。
从今走到婆家去，随你丈夫百年生。
头上青丝要挽紧，不可拗性惹是非。
身上衣服要洁净，烂了早点打补丁。
脚下鞋袜穿端正，莫现半截脚后跟。

说话轻言又细语，切莫大喊放粗声。
对待公婆要恭敬，对待小姑要细心。
妯娌之间要和气，一家和气把财生。

正月百鸟闹声喧，娘叫女儿听得端。
女儿当学事几件，时时刻刻记心间。
第一打扮莫妖娆，第二莫把脚跟跷。
第三说话要细声，不可高声讨人嫌。
第四莫把邻舍骂，邻近和气才值钱。
第五公婆要孝敬，不比娘家任你蛮。
第六烧茶并煮饭，干净洁白免人嫌。
第七做事伶俐点，堂上公婆也喜欢。
第八温良又恭让，谁人不称女中贤。
第九妯娌要和气，妯娌和气家道齐。
第十莫把小姑骂，公婆说你刻待她。
还有小叔也待好，公婆自然把你夸。

二月园内百花开，女儿当学事几行。
学裁学剪针凿好，烧菜煮饭造酒浆。
收拾锅头和灶尾，客来各自上厨房。
酒菜预备办停当，细细切菜盘内装。
腊肉烧得要发亮，锅内多多掺点汤。
宾客回去也夸奖，父母脸上也增光。

三月阳雀叫林园，女儿还需听端倪。
买个猪儿关上圈，日做针线夜纺棉。
起早睡迟要勤俭，个人存点随身钱。
要借要用也方便，堂上公婆也开颜。
切忌莫把钱乱用，也免旁人说笑言。

四月栽秧忙又忙，女儿天明早起床。
梳头缠腰要快当，紧拴围腰上厨房。
洗手生火快点煮，注意灾火理应当。
为人正直待长工，他更知晓帮你忙。

五月石榴花正开，尊老爱幼理应当。
凉菜肘子切堆好，尊敬老人坐上方。
先请公婆再动筷，爱护晚辈理应当。

六月蒲扇遍身凉，仕女针黹昼夜忙。
一绣云间莲花样，四根飘带三尺长。
二绣罗裙亮晃晃，描金蝴蝶闹海棠。
三绣帐围花花朵，状元及第好儿郎。
第四又绣鸳鸯枕，鸳鸯枕上双凤鸣。
第五又绣荷花样，荷花绣个双朝阳。
手中花帕无其数，花花鞋儿几十双。
件件张张亲手做，只等公婆看花样。

七月田中谷子黄，八月桂花送芳香。
九月初九是重阳，爹娘把你养一场。
倘若是个男子汉，长大成人兴家郎。
怎奈儿生是外相，娘家茶饭吃不长。
为人莫学懒人样，天明即早上灶房。
稀奇美味奉堂上，不可留来私自尝。
无事邻舍少来往，有事必须去拜访。
公婆面前细言语，伯叔相见莫轻狂。
小姑妯娌要忍让，莫与她们论短长。
丈夫有事对你谈，和颜悦色共商量。
女儿学得这几样，不枉娘抚你一场。

演奏古歌的乐师

二、哭丧歌：

哭娘歌

一声妈来一声娘，一家大小泪汪汪。
千辛万苦养育女，受尽多少凄和凉。
十月怀胎长又短，三年母腹费心肠。
生怕女儿着了凉，天气冷了加衣裳。
痘麻惊风关性命，最怕女儿见阎王。
快请医师来调治，煎汤熬药母先尝。
拿在嘴边儿不吃，一口药来一口糖。
女儿知报还好点，不枉心痛女一场。
女到房中来看你，娘在床上泪汪汪。
哭声妈来身下跪，哭声娘来痛断肠。
大排队伍前面走，冤家今天送我娘。
娘啊娘……

神秘葬俗：不可触摸的遥远

> 与世隔绝，历经千年。腐朽与神奇，隐藏与彰显，发掘与考证，探寻那些不可触摸的遥远。水富乌龟石湾崖墓与张滩坝土坑墓，尘埃落定，以有形的事物，印证着南方古丝绸之路的商贸状况，还有汉唐以来繁盛的巴蜀文化与中原文化的交流……

幽秘的乌龟石湾崖墓

崖墓又称岩墓、蛮子洞、仙人洞，是古代开凿于山崖或岩层中的墓葬，在中国存在于战国至魏晋南北朝时期。战国崖墓集中分布在江西省境内的武夷山地区，形式有单洞单葬、单洞群葬及联洞群葬，棺用整木刳成。汉代黄河中下游地区的崖墓多为诸侯王陵或贵族大墓，一般有墓道、甬道、耳室、中室、后室，随葬大量精美器物，著名的如满城汉墓和曲阜九龙山汉墓。东汉至六朝，风行一时，四川地区尤其流行。往往几十座聚集在一面山坡上，形成墓群，甚至在普通民众中很常见，墓穴也十分简易，直接凿空山体，可容一棺即成，有的则直接利用天然的洞穴。西汉后期开始迅速发展，在很多地方一直延续到明清时期。

位于楼子坝的乌龟石湾，本是黄沙坡埂子的尾部，是楼坝果园林的一部分，上邻昆水公路和水麻高速公路，下瞰蜿蜒而去的横江河。20世纪60年代初挖掘内昆铁路路基时，把它与整个埂子切断。2000年6月下旬，兀立横江河一侧红砂岩壁上的崖墓，被挖坑打

塘移栽果树的楼坝果园承包人偶然发现,他迅速向当时的楼坝镇党委、镇政府和上级文物管理部门汇报。隐藏千年的崖墓,再也藏不住自己的踪迹。7月,云南省文物考古研究所、昭通市文物管理所派人到楼坝开展调研勘察,先后发现了14座崖墓。由于崖墓暴露严重,随葬品不少被盗。经国家文物管理部门批准,省市文物管理部门组织17名专家和技术人员对该墓葬进行抢救性考古发掘。

8月18日,乌龟石湾崖墓考古发掘工作正式开始,至10月7日全面结束。出土文物陶器有鸡、鱼、狗、鸟、罐、钵、杯、甑、壶及陶畈、陶房、陶靴等,铜器有印章、耳环、朱雀、怪兽、五铢钱币,铁器有环刀、斧等,人骨(残骸)、牙齿、发丝标本各一件。据专家推断,该崖墓大致凿造于东汉时期,崖墓的形制特点与四川东汉崖墓非常接近。墓葬基本结构由墓道、墓门、墓室组成。墓道是在石壁斜坡上以90度依山向内开凿,内高外低,凿有排水沟直通墓门。墓门上方有高大的门额。墓门比墓道、墓室窄,比墓室低矮,门楣弧形或方形,用鹅卵石或碎石块和上泥土垒砌封门,墓室大体呈长方形、墓顶为弧形拱顶,四壁直,顶壁之间有明显的分界线,凿痕清晰工整,墓室四周基岩稍高,中线偏低,整体略向墓道倾斜。墓室分单室和双室两种。双室墓在墓室侧壁开凿有

❶ 出土的国家三级文物:东汉怀抱琵琶陶俑
❷ 出土的国家三级文物:东汉陶耳杯

狭长的耳室，侧面与主室相连，或者横向开凿，一端与墓室相通。

虽然无法详细考证乌龟石湾崖墓埋藏着怎样的秘密，佐证着一段怎样的历史，但其成功发掘，对研究东汉时期滇川经济文化交流、南方古丝绸之路的经贸状况具有十分重要的意义。同年12月，乌龟石湾崖墓被水富县人民政府命名为县级文物保护单位。2004年6月，被昭通市人民政府批准为全市首批市级文物保护单位。

幽深的墓穴，蕴含着悠久的文化；腐朽的气息，蕴藏着不灭的力量。世间万物，有形与无形，消亡与发展，人类的文明都在岁月的长河里无所遁形……

❶ 掩映在树木中的乌龟石湾墓群，幽深的墓穴里隐藏着怎样的历史与秘密

❷ 昭通市级文物保护单位：乌龟石湾东汉崖墓群

1989 年昭通市文物管理所组织对张滩战国土坑墓进行抢救性发掘

盛大的张滩坝土坑墓

竖穴土坑墓是一种特殊的常见的埋葬方法，古人从地面竖直向下挖出葬坑，然后将棺木垂直置入坑内，之后摆放随葬品和其他殉祭物，再用土掩埋。竖穴土坑墓出现于旧石器时代晚期，到战国后期逐渐减少。但仍属于北方地区常见的墓葬方式，广泛分布于黄河流域及华北、东北、西北各地，长江流域及华南的某些地区也有发现。水富张滩坝发现的墓群就是竖穴土坑墓。

从楼子坝溯横江而上，不到 5 公里，就到了张滩坝。张滩坝是一个由两级平台组成的 3 平方公里左右的冲积型坝子。在整个横江河沿岸，张滩坝是仅小于楼子坝的一个大坝子。这里土地肥沃，物产丰富，人杰地灵，江河翠竹，秀丽婉约，是一个风光旖旎的好地方，更是一个拥有丰富文物、厚重历史的地方。

1958 年、1986 年，当地村民在修建糖厂和沼气池时，先后在张

❶ 张滩坝土坑墓出土的青铜印章

❷ 国家三级文物：西汉单耳陶罐

滩坝下坝挖出过铜盆、铜剑、铜钱等文物。1989年，文物部门对张滩坝文物进行试掘，在坝子东南和西北相聚100米处，开掘的3个探方点均发现竖穴土坑墓，探明这里是一个面积达4000平方米的土坑墓群，并出土碗、罐等陶器，剑、矛、钺、镯、印章等铜器，剑、斧等铁器，以及琉璃珠、半两钱等，其中陶俑的服饰和器物等文物具有明显的巴蜀文化特征。墓室的大小之别，显示出贫富差异。经专家研究，张滩坝土坑墓群属战国、西汉时期，所出土文物除具有一定的中原文化特点外，反映出典型的巴蜀文化特征。如铜器中的柳叶形剑、短骸弭矛、舌形钺、扁薄瓦纽、巴蜀符号图章，以及铜器上铸有手、心、蝉、龙纹饰等，都与四川巴县（今重庆市巴南区）冬笋坝人船棺葬、涪陵小田溪墓葬和其他巴蜀文化类型器物相同或相似。这是云南首次发现的典型巴蜀文化类型墓葬群。出土的秦半两钱币和中原式剑在云南尚属首次发现。两枚蜻蜓眼式琉璃珠则具有明显的大秦（罗马）文化特征，反映了中西文化的交流，印证了这里是古代南方陆上丝绸之路的必经之地，也是云南通往内地的重要门户。2004年6月，张滩坝土坑墓群被昭通市人民政府批准为首批市级文物保护单位，成为水富仅有的两处市级文物保护单位之一。

2005年3月，因在此建设电石厂，挖掘出部分墓葬文物。同年4月至6月，昭通市文物管理所牵头对张滩坝战国、西汉土坑墓

黄沙坡出土残陶人头

群进行抢救性发掘。以下是2005年8月10日《中国文物报》的报道摘录：

（张滩坝土坑墓）发掘面积2100平方米，共发掘墓葬15座，出土各类文物425件。其中陶器有陶盆、陶罐、陶豆、陶斧、陶纺轮、陶珠；铜器有铜鍪、铜甗、铜印章、铜镜、铜斧、铜带钩、铜剑（都有木剑鞘，已腐烂）、铜矛、铜钺、铜斤、铜镜、鎏金铜器、铜半两钱、各种料饰、大量漆痕。其中巴蜀图语铜印章多达36枚。

15座墓葬均为长方形竖穴土坑墓，一般长360~500厘米、宽130~190厘米。葬式均为仰身直肢葬，墓主人骨骸腐蚀严重，仅存骨骸痕迹，头向均为西北向，未见明显的葬具痕迹。15座墓都随葬有大量的漆器和少量的纺织品，由于保存条件极差，无法揭取。

M10为本次发掘最大的墓，长520厘米，宽165~193厘米，共出土各种随葬品60余件，其中巴蜀铜印章出土

8枚，属本次发掘随葬品最多的墓葬。随葬品种类有陶器、铜器、铁器以及漆器、料器等。从出土的随葬品，如铜镜、纺轮、陶珠以及较多且十分精致的小饰品来分析，M10墓主人为女性的可能性比较大。铜器、陶器等生活用品放置于墓主的头部，兵器、印章及生活小饰品放置于腰及腰部以下。

这次发掘的每座墓葬的上层填土中均首先发现2个陶罐，分别置于墓葬头端一侧或两侧，旁有卵石一块，有的墓葬在墓底足端也出现卵石（如M10、M14、M20），这种在上层填土内的陶器及卵石，基本上都高于墓口，成为张滩坝墓群的一种标志。考古工作者推测其或为当时封土的标志，与当时的葬俗有关。陶器、铜器等生活用品都放置于主人的头部以上，腰部及以下主要放置印章、料珠、铜饰品、铜带钩、铜剑、铜矛、环首铁刀等，随葬品处均放有大量细沙。绝大多数墓葬内随葬有其他骨骼，如M14在墓葬西北端随葬品东侧及随葬品下有若干骨骼，比较粗壮。从骨骼的外形分析，可能是一种动物骨骼；M7、M20、M21等都在人骨的旁边或右肢骨上方发现比较粗壮的骨骼，这可能与某种葬仪有关。

张滩坝墓地分布面积大，墓葬随葬品丰富，从发掘出土的随葬品来看，陶器、兵器以及各种料饰均与重庆涪陵小田溪、成都昭化宝轮院船棺出土物十分相似，具有十分浓厚的巴蜀文化因素，证实了巴蜀文化已深入到今云南水富境内。36枚巴蜀图语印章的出土，是研究并解读巴蜀图语的实物资料。根据出土的随葬器物分析，水富张滩坝墓地的年代在西汉早期。

张滩坝土坑墓让我们穿越时空，与古人对话，用灵魂打开一扇通往远古文明的门……

国家三级文物：
西汉青铜剑

四通八达：朝发夕至千万里

> 地处云贵川渝中心位置和长江、金沙江、横江交汇地带，素称"云南北大门"的水富，是云南省唯一的具有铁路、公路、航空、水运立体交通、交叉连接的枢纽，充分凸显了四通八达、通江达海的强大优势。

一大片红艳艳的三角梅火焰般盛开，青青的草坪绿得透彻而干净。2017年7月8日，水富县又一标志性建筑——万里长江第一港广场经过一年多的建设顺利竣工并正式启用。广场由昭通交投集团投资建设，占地8188.72平方米，商铺3895.89平方米，总投资4500余万元。广场建设以航母为造型，结合山地自然景观、场地高差，形成面向金沙江，呈现出西高东低、层层退台的三阶梯式平面布局，集滨江航运文化、马拉松体育文化、地方名人文化于一体，体现出浓郁的水富滨江港口文化特色。该广场的启用，为水富增加了一道亮丽的风景线，为市民提供了一个自然舒适的休闲场所。站在万里长江第一港广场，仿佛站立在一艘乘风破浪的航船上。面对金沙江之滚滚波涛，面对两岸山川被时光雕刻的面孔，心中涌动着柔情与激荡，涌动着著名诗人雷平阳《在水富港》的深情吟唱："这条江来自圣洁的雪山／走向辽阔的汪洋／我在这儿面壁／内心没有经书／没有天空和远方／只有无始无终的波涛／在胸腔里自由自在地流淌／雪山的圣洁 因此／送了我一座雪山／汪洋

的辽阔 因此／送了我一片汪洋／就这样在水富港／我把我速朽的肉身／无私地交给了时间和海水／我把不死的灵魂／坦然地交给了古老的河床／我这颗曾经／无处安放的心啊／没有回到故乡／但在这儿找到了天堂。"这喷涌的热血，灵魂的安放，诠释了对一条江的敬畏，诠释了大自然不朽的神奇，诠释了袖珍水富之小城大象，诠释了万里长江第一港明珠般闪烁的光芒。

　　记忆是一只可以触摸的手，把思绪推向古老，推向自古便在滇川两省的经济发展史上，发挥着重要作用的黄金水道——金沙江，这长江航道的延伸处；推向明英宗至清康熙年间，有识之士倡导开发金沙江航运，但终因种种原因未能如愿；推向清乾隆初年，鄂尔泰慷慨陈词，以"下水济运京铜出省，上水驳运粮食、布帛供厂民衣食用度"，奏请疏通金沙江航道；推向乾隆五年（1740年）冬至十三年（1748年）春，云南总督庆复、张允随先后主持，耗银数十万两，八十余万名民夫开通下段永善黄草坪至宜宾新开滩的二百九十多公里航道的宏大场景，推向乾隆年间，水运鼎盛，浪遏

水路交通运输大动脉

水麻高速公路

飞舟的金沙江的支流横江。这既是商道，也是官道的千年古道……更推向地处云贵川渝中心位置和长江、金沙江、横江交汇地带，素称"云南北大门"的今日水富。

古有李白叹息："蜀道难，难于上青天。"今有毛泽东歌赞："一桥飞架南北，天堑变通途。"沧桑巨变，今非昔比。地处金沙江、横江交汇处，与成都、重庆、昆明等西南大城市的直线距离在300~600公里的水富，成了云南省唯一的铁路、公路、航空、水运立体交通、交叉连接的枢纽，四通八达，朝发夕至千万里。

内昆铁路全长872公里，北段四川省内江市（内江站）—四川省宜宾市宜宾县安边镇（安边站），南段（梅花山站—昆明站）于20世纪60年代建成。2001年9月，总投资为120亿元，水富人期盼已久的内昆（内江—昆明）铁路中段全线开

万里长江第一港

通营运,起点为水富站,终点为梅花山站,全长358公里,途经四川、云南、贵州3省的宜宾、昭通、毕节、六盘水等4地市的10个县。同时,宜宾至水富段进行了电气化改造,扩建了六盘水铁路枢纽。新建线路一次实现电气化,设计最大区段货流量密度为每年1400万吨,客车每日8对。第一次乘坐火车这钢铁巨龙,在山高谷深、地质复杂、气候多变的高原穿行,无不欢呼雀跃。

2005年5月,一江之隔,仅距离水富40公里的宜宾机场正式启用,是军民合用机场,等级为4C,有着完备的着陆导航系统、助航灯光及通信盲降系统,最大起降机型为波音737,是成都、重庆、昆明的备降机场。候机楼面积达4200平方米,可容纳500人候机,迎宾大厅宽敞明亮、环境舒适,设有贵宾休息室、茶餐厅

❶ 铁路枢纽
❷ 新建的港口码头

等。宜宾机场成了水富人的机场，空中通道方便快捷。

2007年12月，四川宜宾至水富的宜水高速公路与昆水干道水富至麻柳湾段高速公路全面贯通，去成都、重庆仅需150分钟左右。从此，车来人往，川流不息。

自古擅舟楫之利，南控滇黔、北接巴蜀腹地的水富，沿金沙江、横江可达云南绥江、盐津滩头；顺长江而下，经重庆、武汉、南京、镇江……全程长2900公里，可直抵上海。1989年，长江上游、金沙江下游最大的港务楼——水富港务大楼建成，面积为5467平方米，高10层，导航通信设备齐全，无线电通信可与全国各地联络。2003年，为加快开发金沙江下游地区水电能源基地建设，提供强大的水路运输保障，同时为内昆铁路通车进一步优化水路运输布局，构建连接西南、华中、华东三大区的水路交通运输大动脉，水富在国家计委、云南省计委等部门的精心指导和帮助下，多方筹资投入1.5亿元建设完成水富港一期工程，年货运吞吐量由原来的40万吨左右扩展到200万吨以上，进出港的货轮由原来的500吨级扩展到1000吨级。千吨级货轮可自由进出水富港，沿长江而下，云

南对内对外开放的北大门全线敞开。近年来,围绕长江上游航运中心建设,昭通加强了与宜宾、泸州等地区的港口物流战略合作,先后与宜宾、泸州签订了港口物流战略合作协议,共同推进金沙江—长江上游水运物流通道建设。2015年初,水富港开通了水富—宜宾—上海集装箱班轮航线,结束了云南在长江干线无集装箱班轮的历史;2014年,昭通市政府与泸州市政府签订了港口物流战略合作协议,推进了水富—泸州水运物流通道建设;2016年,水富港扩能工程和金沙江溪洛渡至水富高等级航道建设工程被列入云南省级"五网"建设重点水运建设项目。水富港扩能工程计划投资24.6亿,年吞吐量达540万吨。水富港扩能改造完成后,将进一步充分发挥"万里长江第一港"的作用,实施3000吨级以上船舶江海直达运输,依托长江黄金水道连接重庆、武汉、上海三大长江航运中心和上海自由贸易区,通往中国内陆腹地及东北亚地区,发挥沟通太平洋、印度洋优势,实现向东通江达海,向西打通孟中印缅经济

早在建县初期,就展示出水富码头的重要地理位置

走廊,向南直抵"两广",向北连接亚欧大陆桥。目前,昭通市政府正在与昆明、泸州两市洽谈,决定开展三市间港口物流战略协作,完善和强化昆明—昭通—泸州铁水、公水联运物流通道。由此,水富呈现出与周边地区通畅快捷的综合交通运输体系,巩固了其滇东北次区域交通枢纽的地位。

俯瞰万里长江第一港——水富港,及正在加紧建设的扩能工程。我欣喜地看见,一边是热火朝天全部拆迁完毕的中咀,宽敞的码头正拔地而起,一台台龙门吊挥动巨臂,仿佛是欲与天公试比高;一边是龙门吊正在将一批批货物调入船舱中,一艘艘船舶则在不远处排队等候着装载货物……

水墨山川,金沙碧水。条条大路通罗马,金沙江黄金水道掀开了动人的新篇章,水富充分凸显通江达海、四通八达的强大优势。

第二章

温泉之都　浪漫水富

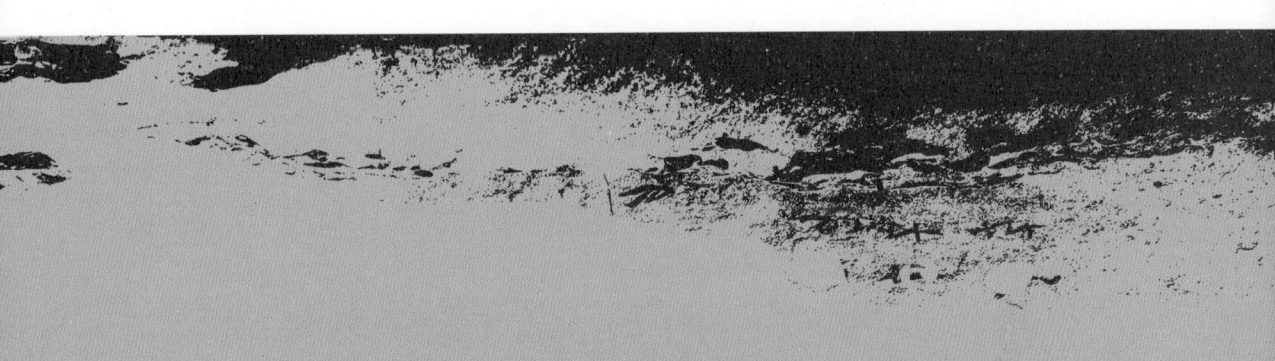

精致小县，碧水金沙。苍山古木，深邃迷离。鸽子花开，森林密语。峡谷温泉，如梦如幻。花事缤纷，春意盎然。民族风情，返璞归真。超凡脱俗，世外桃源。物华天宝，美誉佳传。小城故事，山水云天。观天地自然，浪漫之水富，江河浩荡，得水之柔肠；青春之水富，胸怀大海，得水之风骨。让我们由世界的此岸，看见世界的彼岸……从此，一往情深，诗意栖居。从此，出尘入世，淡定从容。

一往情深：永远的金沙江

> "一生 都流连在你的身边/……看你在冬季枯萎/看你在夏季丰盈/看你曲折的一生/在我生命里蜿蜒。"唯有这从高山之巅奔流到海的金沙江，唯有这浩浩荡荡的金沙江水，它的干净与柔软，沉静与野性，才能洗涤我们萎靡的身体和灵魂。

有一种渴望，有一种向往，一直跟随岁月而行，无声无息地隐藏在内心，又像一朵含苞的蕾，总会在岁月的某一段河流绽放之后，继续向前、向前……

而太多的时候，人们容易陷入无限的细枝末节和琐碎零乱之中无法自拔。忙碌、庸俗，试图为自己存在的种种方式找到意义的出口，试图为自己的痛苦与慵懒找到理由，试图为自己的无病呻吟感到羞愧，试图说服自己，试图在比较中找出幸福的自己，或在不断的失败中跳上云端俯瞰熟悉而又陌生的自己，幸福的自己，在憎恶中怜悯，在厌烦中喜爱，在喜爱中感受上天的厚爱，并因此对生活充满了感激，生命因此而昂扬。试问，这当是岁月长河中生命的流向？！一如金沙江水总是向东、向东……

水富就坐落在距离宜宾只有30公里的金沙江边。据记载，金沙江主源沱沱河，发源于青藏高原唐古拉山脉。沱沱河与当曲河汇合后称通天河，通天河流至玉树附近与巴塘河汇合后称为金沙江。它流经青、藏、川、滇4省（区），至宜宾接纳岷江后称为长江，宜宾至宜昌河段又称川江。水富人早已习惯于因水而名、因水而

电站泄洪时的金沙江

兴、因水而富,习惯于这条江日夜不息地在他们的身边流淌,习惯于在江边溜达溜达,会会老友,喝茶聊天,听涛赏月,垂钓扳罾,撒网捕鱼,享受着雷打不动的休闲,享受着一条江的厚爱与馈赠。

清晨或傍晚,或迷离或清爽的阳光笼罩着整个峡谷,白色的鹤不时成群结队悠然越过江面,不时又独自在空中飞翔。江畔花枝摇曳、笑语声声,乌篷船与悠然的歌声顺水而飘……

逆流,步行在长江大道有花鸟图案浮雕的乳白色长廊上,踏着仿青石板地砖铺就的人行道,或红色的跑道悠游,任阳光从树隙间斑驳地洒落在身上,温暖就从心底缓缓升起……不得不惊叹这条江,它总是攫取着心魂,让人死水一样的心灵激情苏醒,想起友人王险峰的诗句:"一生 都流连在你的身边 / 无法远离 宽广的流域 / 你在我心里流过 / 穿越 我的坚硬 / 悬崖上 布满你涨落的痕迹 / 我一直都在 / 离你很近又离

1

2

❶ 双江汇流，别样风景
❷ 川滇两岸　一衣带水

你很远／从来不会离开／也不能走得更近／我看着你／看你在冬季枯萎／看你在夏季丰盈／看你曲折的一生／在我生命里蜿蜒。"它如水般静静地从身体里蹚过……

它的柔软与深爱，勾起心中最温情的情思、最辽阔的忧郁……

穿越一座桥，便可以直达上距溪洛渡电站坝址157公里，下距水富县城区1.5公里，位于水富县城（右岸）和四川省宜宾县（左岸）境内的大型水电站——向家坝水电站的大坝之下。向家坝电站的前期工作始于1957年。1985年由国家电力公司中南勘测设计研究院承担勘测设计工作。1996年5月中南院完成了《向家坝水电站预可性研究报告》并通过了原电力

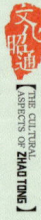

部会同川、滇两省和长江三峡开发总公司联合主持的审查。1997年三峡总公司与中南院签订了向家坝水电站可行性研究报告工作合同，使向家坝水电站工程建设进入了可行性研究报告编制阶段。2002年10月，向家坝水电站经国务院正式批准立项，国家计委计办基础〔2002〕1618号文明确提出："力争溪洛渡和向家坝水电站'十五'期间能开工建设。"它是金沙江最后一级水电站。正常蓄水位380米（现在水位约为270米），死水位（供水期末发电消落水位）370米。水库面积95.6平方公里，水库为峡谷型水库。控制流域面积45.88万平方公里，占金沙江流域面积的97%。水库总库容51.63亿

立方米。回水长度156.6公里。工程枢纽结构：大坝、左岸坝后厂房、左岸升船机、河中泄水坝、右岸地下厂房、两岸坝后厂房、两岸灌溉取水口共7个部分。大坝情况：坝型为重力坝，坝顶高程383米。电站装机容量600万千瓦（共8台机组，每台75万千瓦），正常蓄水位380米时，保证出电200.9万千瓦，多年平均发电量307.47亿千瓦时，装机年利用小时数5125小时。向家坝加上1260万千瓦的溪洛渡电站，其总发电量大于三峡水电站。

车来人往，桥连接着川滇。过桥入川，沿江越往上行，江水在这云里

❶ 盛夏，踩着凉悠悠的江水舒服极了
❷ 休闲纳凉

雾里的峡谷间就越是急速，江边不时有几朵紫色的小花、几丛白色的满天星形状的植物，在眼里多姿多彩地摇曳着。距离大坝越近，湍急的江水越是激越地奔流……真切地伫立在大坝之下，只见金沙江水从泄洪闸里奔腾而出，成了瀑布，画出一道弧线之后摔得粉碎，翻卷着，碰撞着，跳跃着，轰隆着，激烈震荡着，溅起的细细飞沫，恍若激情高歌，又似怒吼咆哮，你不得不由衷地惊叹向家坝电站的浩大恢宏、巍峨壮观。不得不惊叹建设者们的鬼斧神工：它以161米的坝高、909.3米的坝顶长度横跨在这金沙江之上。不得不惊叹早在1956年，毛泽东三次畅游长江之后，豪情满怀写下的磅礴诗篇就已预言："更立西江石壁，截断巫山云雨，高峡出平湖。神女应无恙，当惊世界殊。"

站在两岸观景平台，大坝之上的金沙江水宛如一面明镜，又宛如一个含情脉脉的姑娘闪动着明丽风情的秋波……仿佛是在一夜之间，它的浑黄奔涌就彻底消失了。那一湖的碧水，流云舒卷，集天地之精华，轻盈婉约，恬静安稳，清澈平和。低下头，近一点，再近一点，大坝之下的金沙江则是壮烈的水之奔腾，此刻静静地闭上眼睛、张开双臂，灵魂便随着这翻腾的江水飞了起来，忘了自己，便不得不感慨，同样是水，这人世间最柔媚的事物，却具有不同的气质。它可以平静，可以虚无缥

灯影金沙江

绵；可以飞跃，可以波涛汹涌；可以百转千回，可以奔流到海；也可以承载文明，可以颠覆世界。这是多么脆弱的柔和，多么美丽的倔强，多么不屈的力量，经过怎样的千锤百炼才得以在大地上勾勒出最秀美、最壮观的画卷。有"黄河之水天上来，奔流到海不复回"的恢宏气势；有"五百里滇池那几杵疏钟，半江渔火，两行秋雁，一枕清霜，山环水抱，天光云影"的无穷秀色；有"葡萄美酒夜光杯""大珠小珠落玉盘""烟笼寒水月笼沙"的温婉美妙……此景只应天上有，分明遗落在人间。著名诗人舒洁如是歌吟："我读这水，如此干净／这让我想到远嫁的妹妹／她哭着，纱巾飘落／如这蓝色的海湾／如这柔软……"这干净、这柔软无法拂去，金沙江水的沉静与野性更无法拂去，并且很近，近得触手可及，近得可以天天在峡谷间徜徉，而思想的远足又确乎很远，远在天边，恍若隔世，恍若千年不变的情怀在胸中汹涌荡涤。

"大江东去，浪淘尽，千古风流人物……"我欣赏着，喜爱着，感受着这豪迈的诗句，包括我自己，包括这大峡谷，包括这江水，包括这城市，包括这世间的万物，我用自己苍白的文字歌吟这条江的永远："面水而居／渔舟唱晚／隔岸灯火灼灼／写意出背后隐藏的许多／一江秋水向哪／／流年在涛声中不停地向前飞奔／起起伏伏的江水／是流淌在山涧的琴音／是水 就注定／跋涉的方向永远向东／／与山峰对峙／水的气息在大峡谷徜徉／仿佛泥土的血液／有植物的汁四季的香／有一座城市的生动／／风拂过的时候／乌篷船已经顺水而飘／水给予的是母亲的柔情父亲的胸怀／人们依靠着它的丰茂／又无知地恣意索取／／这生命的河流／富裕着一方方水土／承接了多少吟咏和歌唱／注视自己的身体／又有多少年的忧伤／／我想在山上采集一些花朵／用纷扬的雨为一条江濯身／把它打扮得宛若美

春水渔家

适合清谈的江边茶园

丽又自然的新娘／更要像新郎热爱新娘一样／哪怕不知所措也痛惜有加／／田野青翠　硕果累累／淳朴的村庄就在水边／洁净的城市就在水边／这母亲河孕育的一切／永远生生不息。"我更为友人王险峰的抒情感动："这是一个水里漂来的城市，浮在一条河的岸边。一个城市和一条河的缘分，与生俱来。河流让城市鲜活，城市让河流生动。城市里川流不息的人群，流动在五彩的灯光里，五彩的灯光，流动在波涛起伏的河里。一条河流，带着一个城市流动，一个城市，流动着风情万种。"

一方水土养一方人。我们当相信否？"春天，不是季节，而是内心；生命，不是躯体，而是心性；人生，不是岁月，而是永恒；云水，不是景色，而是襟怀；日出，不是早晨，而是朝气；风雨，不是天象，而是锤炼；沧桑，不是自然，而是经历；幸福，不是状态，而是感受；快乐，不是索取，而是付出；自然，不是破坏，而是珍惜……"在金沙江里畅游，做一条快乐的鱼，是水富人妙不可言的享受与幸福。无论春夏秋冬、严寒酷暑，在蓝天白云下，许许多多黄色的安全气囊在绿如软缎的水里飘着，在波涛汹涌的水里起起伏伏，那些在金沙碧水里游动的鲜活的生命，常有勇敢者迎着一浪一浪的波涛搏击，向着江心畅游。抑或一两声清脆的尖叫，而这叫声中竟然有我自己因为担心而发出的。我的手攥出了汗，心随着波浪飘了出去，忘了害怕，心襟荡漾，只想自己也是水里一条快乐的鱼，在水里游呀游、飘呀飘，什么也不去想，任由清清的波浪轻抚着自己的身体……忘掉所有的烦恼和忧伤，忘掉一切的必须……

诗意地栖居，生生不息。时光如水，四季轮回。灯火阑珊，神思遐想。"桃花水暖了这江／皓月初升／斑斓的灯火跌进水里／乌篷船顺水而飘／／江心的鱼儿探出头来／渔网碎了月亮／光影灼灼／灿烂了谁的笑脸／／还有谁在孤独／谁在独立江风／望远山苍穹／望这一江碎了的岁月。"这是金沙江里碎了的

月亮,是最本真的慨叹与变幻。一季与一季不同,一季有一季的风光,每一段有每一段独特的精彩,无论是沉静,还是野性,金沙江都是这般的极致,让人乐意一辈子细细地读,一辈子慢慢地品……

"大舸中流行,青山两岸走。"变与不变都是永恒的定律。在这永不停歇的岁月中,谁来渡我们?在这清寂中的清寂,谁来燃烧我们?什么是真正属于自己的?什么在自己的掌握之中?什么是我们必须珍视的?是一座城市的繁华吗?是一座城市的前行吗?这耗尽了全部心力的遐想只是一种记录,之于时光,哪怕是尘封了千年的风姿和情爱都会在这一刻摇曳而来……

向家坝电站

小城故事：山水云天慢生活

> 自然赋予水富山水，文化赋予水富灵魂。开始或者结束，城在这里。蓝天、白云、大山、河岸、园林、飞鸟、江水、归舟，悠闲的人们，都在这里。幸福也在这里。

"宠辱不惊，看庭前花开花落；去留无意，望天上云卷云舒。"《菜根谭》里的句子是对水富人山水云天慢生活的真实写照，也是这座袖珍小城令人艳羡的地方。20世纪80年代，著名诗人晓雪在水富的金沙江边大声吟唱："我已不思归，愿做水富人。"今有昭通著名记者陈忠华真切的感叹：登上水富县城的玛瑙森林公园半山腰，顿觉树在山中、人在林间、城在脚下、坝在眼前、水在城边、云在头上，让人神清气爽、心旷神怡，似游仙境……

水富玛瑙森林公园位于水富县城南边。2012年被水富县委、县政府提上重要议事日程，作为一项重要事项来抓。经过精心规划、设计，先后投资2453万元，用了5年时间，打造出一座造福水富人的城市名片，一个休闲健身好去处。

玛瑙森林公园其实与玛瑙没有丝毫关系，过去人称马脑山，以高、陡、险著称。之所以叫马脑山，是这座山的长相酷似马脑壳。公园建成后，取其谐音而名玛瑙。公园占地面积约为245.7公顷，纵向长约2220米，横向宽约1243米，西北最高处龙顶海拔805.2米，北部面向金沙江，东南临横江。马脑山却不孤单，顺金

幽妙的玛瑙森林公园

沙江而上的江边，还有马牙坡、马肚皮、马鞍石、马脚窝等地名，构成了一匹活灵活现的"宝马"。不知不觉中，马脑山或许因为身边有了奇石城的缘故，慢慢地演变成了"玛瑙山"，成了一条闪烁着玛瑙光芒的龙……在高滩和坝尾槽两个新城区之间腾飞，随四季变换，多姿多彩，更仿佛演绎成了一本水富文化的"活书"徐徐在眼前打开……

　　玛瑙森林公园大门口，是占地1750平方米的广场，一道长15米、高11.2米的牌坊，气势恢宏地耸立着，昭通书画家陈孝宁书写的"玛瑙森林公园"几个大字清秀夺目。牌坊下左右两边是栩栩如生的青石雕刻浮雕画，右侧是高3.85米、长33.9米的向家坝全景图，左侧是高1.9米、长31.1米的水富县城全景图。拾级而上，牌坊左边57平方米石壁上雕刻有陈孝宁撰书的《金江奇石赋》；右上方57平方米的石壁上雕刻有由河南作家任冰创作，电脑隶书，专业雕刻而成的《水富赋》，令人叹为观止。站在形似竹简古书的赋前阅读，仿佛置身于巨大的书简中，浓郁的书香之气扑面而来。

　　整个公园以一条石梯为主路，两横三纵，贯穿公园中心和四

周，共计 11 公里，一路幽游，最让人惊叹的是公园里的亭名和楹联，除了龙顶亭一副"千秋笔墨惊天地，万里云山入画图"对联是来自网络，集书法大家王羲之的字，其余均是面向全国征集，从 1000 余件作品中，经过初评、复审，评选出的优秀作品，再由本土书家书写后镌刻，或遒劲秀丽，或雄健柔媚，或端庄清秀，让人赏心悦目。

有人说："来到水富游玛瑙，不到龙顶非好汉！""情侣水富玛瑙游，爱情天梯游一游。"公园大门往上，垂直距离不到一公里，就是十分陡峭的爱情天梯。爱情天梯是考验，更是美好的祝愿。从山脚往上爬 60 多米，映入眼底的首先是一个数平方米的大石头，上面刻着一个一人多高的"缘"字。这个"缘"字意味深长，诱人遐思，令人回味。再往上 30 多米，立着两块依偎在一起的大石头，上边刻有"相依"两个红色楷体大字，仿佛是对两个相亲相爱相依登山的人儿最贴切的写意。顺天梯爬行 200 多米后，一块悬石上，"和鸣"两字格外醒目，预示着经历了甜蜜与艰辛的爱情之路才走了一半，余下的时光更是要一如李白《长相思》讲的那样"琴瑟和谐，鸾凤和鸣"。快到半山腰的平路，路边一块岩石上刻有"偕老"二字，寓意着爱情之路的艰辛、美好、永恒，更是对小情侣、老夫妻携手爬山后，最美好的祝愿："执子之手，与子偕老。"

到了"步云亭"，只见不远处有数间农舍，农民在土地上耕种，可感受"极目三江远，澄怀万里秋"的田园诗画；爬到半山处的仰天窝，就到了林木茂盛的"松月亭"。此处凉风习习，翠竹轻轻摇曳，顾名思义，是个听涛赏月的好地方，正应了对联"独占风光敢夸妍妙，总堪图画且醉芳菲"中的意境。沿着"松月亭"而上，一鼓作气，登上傲然屹立于峭壁之上的"赏筠亭"，咀嚼着"旧雨新知开怀一笑，清风翠竹对面几人"的妙联，也是无声胜有声的表达。位于王家嘴至龙顶半坡处的"栖云亭"左边可瞭望大半个玛瑙森林公园及云天化生

马脑山下菜花香

活区鳞次栉比的房屋与县城一角,右观可见波光粼粼的黄沙水库。亭子悬挂的一副对联"每到半坡休止步,若临龙顶自开怀"让人心生向往。大约步行4公里,就爬到了山顶的最高处——龙顶广场。龙顶广场中间,两块两米多高的奇形怪石像龙角一样威仪地伫立着。龙顶石壁上雕刻着北宋著名思想家、政治家、文学家、改革家王安石的《龙赋》:"龙之为物,能合能散,能潜能见,能弱能强,能微能章。惟不可见,所以莫知其乡;惟不可畜,所以异于牛羊。变而不可测,动而不可驯,则常出乎害人,而未始出乎害人,夫此所以为仁。为仁无止,则常至乎丧己,而未始至乎丧己,夫此所以为智。止则身安,曰惟知几;动则物利,曰惟知时。然则龙终不可见乎?曰:与为类者常见之。"身处广场边上挺立的"一览亭",顿觉有了一览众山小的气概,真正明白了"宝地争游捷足先登谁是主,苍天不负青云直上我为峰"的气势,"能稳脚跟因接地气;敢临绝顶缘有虚怀"的深刻内涵,更能体会著名书法家李代煊先生为书法长廊题写的"十里画廊"的深意。

眺江山如画,看如画江山,"峰高尽瞰山川秀,心远自觉天地宽。""春归烟火万家里,景在水天一色中。""水与天长,江横素练;心随望远,云叠奇峰。""行藏淡定无关险峭,俯仰从容不愧苍冥。""策杖寻芳逢旧雨,沿

阶拾韵醉清风。""山水之间涵画意，林霞之上拓诗怀。""金沙映月一江碧，龙顶摩天万木春。""一川彩画谁挥笔，万卷清诗我骋怀。""谁撑危槛于天上，我信蜃楼在此间。""云端堪览一亭胜，绝顶长舒万里襟。"沉醉在龙顶风雨亭那些本土书法家书写对联的幽妙意境中，沉醉在那一份宁静、一份柔美、一份迷蒙、一份温情、一份洒脱之中，不能不心旷神怡、宠辱皆忘……

沿着高滩方向横向而行，"卧云亭"静卧峰峦之上，此处"万壑沟平云有意，群峰色淡树生烟"。歇息观景，俯瞰，大半个玛瑙森林公园、向家坝电站大坝、金沙江、水富县城尽收眼底。继续在山林里穿行，树青竹幽花香，一声声鸟啼悠远而清亮，沿着蜿蜒的石级下山，就到了位于悬崖边的"时雨亭"。临崖俯瞰，县城风光尽收眼底，川景风情尽收眼底。那袅袅的炊烟，迤逦的远山，那双江汇流，日出日落，交相辉映……忍不住心有灵犀地慨叹："谁留云外桃源景，我醉山中陶令诗。"

山水园林

北大门公园一侧的大江是水富人休闲览胜好去处

一段一花，一路一景，玛瑙森林公园呈现出"春赏绿，夏赏花，秋品果，冬拾趣"的迷人景观。其纯美不事雕琢，正是天之所以厚水富，也正是水富之所以厚我们。周末与傍晚，携手同行的老夫老妻，其乐融融的一家三口，手牵手的年轻情侣，三五成群的年轻人，带着孙子的大妈，他们或穿行在林间，或悠然于竹下，或歇息在路边，在玛瑙森林公园享受着无比的惬意和快乐……

夜晚，在水富县城遥望玛瑙森林公园，但见山顶上那5组10盏空中玫瑰射灯和89盏太阳能路灯犹如星星一样闪亮，从龙顶亮至山下，形似一条腾飞的巨龙，盘在空中，又让许多人冲动地想夜游玛瑙森林公园了……

山是城市的宝，树是城市的肺，河流是城市的血脉，建筑是城市的标志，人是城市的灵魂。

欢乐童年

清晨，水富北大门公园斜对面的春晖广场在桂花树后若隐若现，一群洋溢着青春朝气的老人娴熟地打着太极拳，一只只色彩斑斓的风筝正冉冉飞升……

水富北大门公园，原名临江公园，小地名牛皮滩，位于水富县城长江大道中段。1985年在这乱石荒滩上建成占地6000多平方米的临江公园。2013年公园改扩建后，新建亲水道路、跌落花池、园中小径、休闲亭廊、台阶式溪水等人文景观。集多功能休闲广场、候鸟区、运动健身区于一体。奇花异木，参天大树，奇石喷泉，文人题字——传承了临江公园的历史文化，展现了水富开放、包容、与时俱进和朝气蓬勃的精神，一座来自金沙江江底的"梦石"矗立在公园正中央，雄姿英发，催人奋进。

春晖广场位于北大门公园斜对面，于2006年建成，占地22874平方米，总投资约1500万元。整体规划设计紧扣"水"的主题，不同的水景、弧线的台阶、曲线的平台，营造了行云流水般的空间，极力展现了水的柔韧坚强，水的婀娜风韵。这里不仅是水富市民文化体育、休闲健身、娱乐活动的重要场所，也是集中展示北大门群众文化的一个重要窗口。2016年12月，水富县又在从北大门公园到向家坝施工

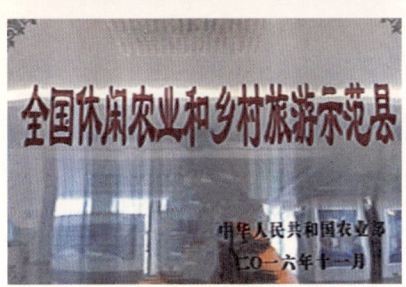

区的临江路边上，修建了宽1米左右、长达2000余米的城市森林步行道。三角梅、扶桑、蝴蝶花、海棠花、美人蕉……把步行道点缀得五彩缤纷。2017年，又精心打造为社会主义核心价值观主题公园，展板、雕刻等图文并茂、通俗易懂地把名人名言、革命先烈、时代楷模、文明新风送到市民身边，让群众在休闲娱乐的同时潜移默化地了解历史，受到教育与熏陶……

　　向晚的阳光娇艳而柔和，目光寻着春晖广场喷泉侧壁一直望过去，春晖广场的三角梅正在盛开，阳光细细碎碎地绽放着一场盛大的花之宴。因风而艳，因风而狂，因风而柔。一群滑旱冰的小孩在广场上穿梭、嬉戏；一群老者在老年书画诗词协会泼墨挥毫，龙飞凤舞；目不暇接的广场舞、交谊舞晃花了人们的双眼，跳出了名堂，水富老年鼓乐协会和老体协文艺队获得了昭通市广场舞比赛的奖励，2016年11月水富霞辉广场舞队还荣获了云南广场舞30强的称号。

水富殊荣

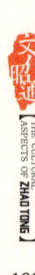

  沿着广场一侧稠人广处的长江大道漫步，深吸一口，再深吸一口，浓郁而清淡的花草香，暗香浮动，若有若无又悠远深邃地浸入肺腑。一个男子伫立江边吹箫，那如泣如诉的箫声在江面上飘，绝妙虽谈不上，韵味却是无法抗拒的，一缕淡淡的哀愁爬上心头，人似乎也有些飘，仿佛到了另一个世界，而这个世界分明又不是我们的……

  处处是悠闲的身影，处处有快乐的笑声。几个手持歌谱的老年女子又吸引了我的目光，其中两位个子并不算高的老人突然在路上停下来，背靠背，用手在头顶比画着，比较高矮，擦肩而过的一刻，我忍俊不禁地笑了。视线与微笑落进了两个女子的眼里，两个女子立即有些羞涩地转身并排而行，随即回头望着我，发出爽朗清脆的笑声，那是最动人最欢乐的笑声啊！

  临金江而怀古，抚春风而抒情。无论春夏秋冬，独自也好，三五几人也好，或漫步，或坐在蓝天白云之下，清清的水边，一边喝茶聊天，天南地北，

一边欣赏顺水而飘的乌篷船，在河滩上寻找美丽的石头人儿，垂钓的人儿，金沙江里鱼一样快乐畅游的人儿，不亦乐乎……

诗人蓝莲花以这样的起始描述了一个夜晚："所有的声音都已寂灭／只有你的诉说和低语。"诵读着这曼妙的诗句，不知道为什么，想起水富那些绣十字绣的女子，眼前总是呈现出一幅幅美妙的图画：一个又一个优雅幸福的小女子从容淡定、乐此不疲，或坐在阳光明媚的窗前，或罩在温柔的光影里飞针走线，让每一针每一线都诉说自己所有的念想，所有的相思，所有的情怀。用无声的温柔独白，展现出那本色女人的洒脱与挚爱；又仿佛是一个又一个美丽女子从唐诗宋词里，在迷人月色下，向我款款走来……围一条素色方格围巾，微卷的长发在风里轻轻地飘，长长的棉布裙垂至脚踝上方，穿着棉布的袜、绣花的鞋，坐在褪色的藤编的椅或木凳上，脚踝上悬着狗牙镶嵌的环佩，或吹箫，或弹奏古筝、扬琴……这样的女子，静至无语，却夺目。这样的女子，清至无色，却美艳。古典、曼妙、清扬、忧伤的音乐，便如水般泻出……

这是一幅山水相连、天人合一的好画，真不知上苍是怎样让这险峻山峦和奔流千年的江水得以如此的纠缠盘旋，如此的融合交流，造就了这旖旎的美景。诗人杨角说："一个人记住一个地方并冲动地用文字去描述它，总会有一些特殊的原因。譬如山水、文化，譬如特殊的人、特殊的事。""小城故事多……若是你到小城来，收获特别多。看似一幅画，听像一首歌，人生境界真善美这里已包括。"这首歌便如水一样在你耳边潆洄。刘禹锡的《陋室铭》"山不在高，有仙则名。水不在深，有龙则灵。"便在胸中回响。脑子里只停留下那山，那月，那水，那香，那人……

❶ 江边垂钓
❷ 江边踩水的恋人

铜锣秘境：林深不知处

> 林深不知处，铜锣四季幽。与风同行，与雨同行，与涛声同行……云一样轻，水一样柔，花一样舞。不变的情歌，近在咫尺；诱惑，近在咫尺，近在一伸手就可以触摸的距离。

铜锣坝国家原始森林公园在云南省水富县太平乡境内，距水富县城70公里，属于乌蒙山向北延伸的末端。公园是滇东北保留较完好的亚热带长绿阔叶林区，总面积50平方公里，占地面积达7万多亩，森林覆盖率高达72.04%。景区内曾经分布着5条溪流、18个小盆地、108个山峰、7个小湖泊和数十条瀑布，整个景区郁郁葱葱，动植物种类繁多，药物资源丰富。得天独厚的森林和动植物资源，变化多姿的四季景观，神工天成的自然、地理景观，内涵丰富的传统文化神韵——这一切，使铜锣坝如谜一般神秘莫测、令人神往。

雨果说，城市好比森林，有它们最恶毒可怕的生物藏身洞。在这里躲藏起来的生物是凶残污浊、卑微而丑恶的；而在森林里，躲藏起来的是凶猛、壮伟，是美的。同样是洞，但是兽洞优于人洞。去铜锣坝森林，去一见钟情、终生相思。

公路蜿蜒而上，5月的铜锣坝、5月的森林竟是一团团迷迷离离、闪闪烁烁，蝶翅一样颤动的绿光，什么都看不透，唯有一股强烈袭人的浓郁的树木味扑面而来……淅淅沥沥的雨一直在不停

地下着。下车,我撑着一把粉红色的伞,走在泥泞的山路上,同行的人似乎突然都隐藏到了我的身后。我感觉到自己正掠过细雨里流泻的光瀑,浅草中鲜花的柔语,极力探寻着什么。是仙女湖的笑声,还是大自然的仙乐?是激情,还是梦幻?

清晨的雨,细得宛如烟雨一般,很惬意、很纯净地从密密匝匝的树缝间漏下来,被清凉干净的狂风吹斜着,稀疏而柔软地拂在脸上,沁人心脾。远远近近全是一片哗哗的涛声,远远近近全是高高大大、幽幽暗暗又都锃锃亮亮的古树新姿……立着、倾听着,又笑着、舞蹈着,摇落满枝晶莹剔透的露珠,徜徉着一种青郁壮美、跌跌宕宕、自由自在的节奏,轻易地就攻克心中郁积已久的沉闷与腻歪的块垒,滋生出一种酣畅淋漓的轻松弥漫全身。那偶尔响起的一声又一声清脆的鸟啼更是使你沉醉的心轻轻颤动。不得不感叹:这是真正的自然,森林的腹地。

兴致勃勃地沿着石级而上,树密密地挨着,傲立着,原

大地的眼睛

1

2

①② 鸽子花
③ 林深不知处

始、干净、伟岸。我的目光游移在它们的身上，有一棵树是我的灵魂吗？是可以在这天然的氧吧自由快乐地呼吸的我的灵魂吗？人在林子间跳来跳去，成了森林里几个快乐跳跃的音符。那些刚探出头的蕨类植物躲藏在深深的草丛里，挺立着小小的、毛茸茸的、肉嘟嘟的身躯，头上结着一个漂亮的卷，蓄着一颗亮晶晶的水珍珠。仿佛在向我们亲切地招手……那些巨大的蕨叶则张着巨大的羽翅，在温柔的风中轻轻颤动，像一群意欲飞翔的大鸟，仿佛一眨眼就要带着我们腾空而去。浮躁的心灵渐渐趋于平静，坦坦诚诚，淋淋漓漓，尽情地让自己的整个身心都恣肆而舒朗地开放着，把天真与浪漫都放在路旁。

行走了大约一个小时，雨过天晴，我们登上了山顶上隐于丛林中的观景楼，不禁为自己十多年前模仿而作的第一首小诗而激

动,又有了过去一样的感觉、过去一样的心情:"登上山顶／我记得那美妙的一瞬／莽莽的森林／我眼前出现了你／有如青春的希望／有如俊逸的男子／我凝视着天空／凝视着树枝／凝视着飞翔的小鸟／你是春天的大地 森林／我凝视着你／你带着温柔的风儿／护理着我的脸庞和受惊的秀发／驱散了往常的烦恼和忧伤／人世间难疗的沧桑 我的心狂喜地跳跃／为了你 流下串串泪滴……"伫立在观景楼,贪婪地大口大口地呼吸着被雨过滤得格外清新的空气,眼睛越过浮尘的光影,越过五彩缤纷的树叶,雨洗涤过的仙女湖像翡翠一样闪着温润、夺目的光芒,又仿佛是一个含羞的少女,在缠绕着、流动着、飘飞着的云雾间时隐时现,风情万种,而俊秀的远山则像一个伟岸的男子忠实地守护着她……这是一个为"情"而生、为"情"而狂的湖。传说仙女湖是美丽的仙女贪恋人间爱情,受到惩罚的化身,日

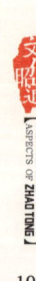

夜守护在她的身旁的山峰是她的情郎。于是，感天动地，有铜锣坝的千年活化石鸽子花为证，有琴蛙刻骨无息的歌唱为证："彩云追不上你的飞翔／从天而降 精灵就在眼前／这是一个男人／与一个女人灵魂的天堂／这是等待一千年才有的守护与相思／是深不可测的寂寥／痛彻骨髓的伤。"

冬韵

穿林拂枝，踏着干枯、腐朽的落叶……沿着来时的路往回走，侧身而观，曲水、飞瀑、幽潭、清泉已隐于浓荫之下，奇石、幽洞、峭壁、观景楼皆掩于翠绿之中，阳光悄悄地洒在我们身上，斑斑点点，周遭的一切那么宁静自然。千年活化石鸽子花就在眼前，这又名为珙桐的花儿，每一朵花只有两瓣白色的花瓣，仿佛是一只只白鸽停留在绿色的枝条上扇动着透亮的翅膀，洁白如雪地飞舞，美得令人惊绝，令人欢呼，令人抒怀，令人飘然若仙……听，琴蛙如泣如诉的歌声，宛如木琴的音韵，"咚，咚，咚——咚，咚，咚——"长长短短，一高一低，在花木掩映的溪水中此起彼伏，抑扬顿挫，清扬婉转，扣人心弦。这超越一切语言和诗歌的力量啊，让相爱的人儿灵魂出窍，心中缓缓升起一种对鸽子花、对琴蛙神圣而庄严的敬畏。而仙女湖近在咫尺，诱惑近在咫尺，近在一伸手就可以触摸的距离。

湖水清且涟漪，明澈、纯净、幽秘地横在眼前，舐岸的微波吐出哗哗的声韵，天的蓝色纯得惊人，湖的绿色净得幽深，满身灵气又不谙世俗，犹如人的眼眸，极具神韵。既有"云日相辉映，空水共澄鲜""山光悦鸟性，潭影空人心"的幽寂高古之美，又有山的豪迈威武与水的温婉妩媚，更有爱情赋予它内涵的美丽！让人分明可以看到一股顽强的生命汁液在哗啦啦地流淌，鼓荡得人满腔的热血都在沸腾……

❶ 湖中枯木
❷ 湖光山色

游船在湖上慢慢地行进,风柔柔地吹拂着脸庞,拥抱着炽热的身体。船尾开出朵朵白色的浪花,舒展又安闲,四面八方所有的树都倒映在水里,依着微风的韵律抑扬吟咏,在千万个粼粼小皱波里闪闪颤动,摆动轻舞,与水虚幻地嬉戏亲吻。湖水里那一棵棵挺立的树,甚至开花的树,一下子就攫住人的心魂。那是怎样的树啊,静静地在深不可测的水底扎根,静静地在水面舒展着枝叶,有的像一只巨大的黑色的蜘蛛在戏水,有的倒映在水里像一个圆圆的巨大的花球,有的金灿灿的叶子在风中跳着欢乐的舞蹈。一切恍若在梦中、恍若在云端,尘世的喧嚣、市井的嘈杂、俗界的纷扰都被围绕的一泊湖水阻隔,豁然开朗的心胸,如蓝天一样宽广,如白云一样洁净。看景的人各有情怀,但都已迷醉、都已沉浸……

横渡仙女湖，上岸，一树梨花落英缤纷，无人的森林小木屋，石磨、火塘把人推向远古……在森林里行走，人犹如在波峰浪谷间不由自主地起起伏伏、深入深入。越是深入，越是渴望穿越，越是有些慑于森林的强悍，慑于稀疏的噼噼啪啪的脚步声和轻微的喘息声在林子间空洞而实在的回荡。越是深入，越是有意外的惊喜不断地出现在眼前，郁郁葱葱、青翠欲滴的夫妻树、象鼻树、伯乐树……许多不知名的一二十米高的树就不停地扑进眼帘，令人震撼，令人遐想；层层叠叠的折叠式的自然奇观——关门滩就扑进眼底，关门滩下的玉带滩就扑进眼底，只见陡峭的岩壁上有一大一小两股飞瀑，飞流直下，更像是携手并进的情人瀑。岩壁下是两块几米长的平展展的红砂石，刹那间，整个人格外地神清气爽，变成了茫茫森林中一棵自由呼吸的树，一朵自由呼吸的花，一滴自由奔腾的水，而那城市的森林已经远远地离我们而去。

黑石滩来不及去了，哪里是森林的腹地，哪里是森林的边，大约两个小时，我们返回了来处，所有的烦恼忧伤已被葱郁的森林吞没，所有的劳苦心酸已被滴翠的大树吞没，所有的失落情恨早化作风声水流，唯有铜锣坝森林还深情地挺立着，唯有仙女湖还诉说着古老的不变的爱情，唯有在乎山水间的人

❶ 清秋水韵
❷ 诗意山水

穿行其间，唯有曾经的歌唱依旧：我拜倒在你的脚下 不由得 / 躺在你的怀抱 / 抚摸着你的枝丫 / 吮吸着你的绿馨 / 细细地品味着品味着 / 你的美 你青春的瑰丽 / 品味着 那深邃 坦荡 晶莹 含情 / 那丰富 温润 广袤 博大 / 悄悄地倾诉心中的秘密 / 心儿像小鹿一样悸跳 / 我心中的森林啊 / 我要你头上的阳光 / 要你自由的清风 / 要你青春的希望 / 我还要对你说 / 我爱你……

铜锣坝关门滩瀑布

三世柔情：温泉水滑洗红尘

> 畅饮山灵之秀，意蕴人间风情。在不知不觉中，四肢与整个身心，都随着那蕴藏的音韵、那暖暖的温泉水渐渐地柔软下去，什么也不想，什么也不干，只停下了思绪，静卧在布满月色的水里……

又是初冬的日子，初冬的日子总有洁净的清爽。而水富县的国家AAAA级旅游景区——西部大峡谷温泉正是以这样的洁净与清爽，让人们打着呼噜的激情苏醒，仿佛是在临花照水或者惊鸿一瞥的瞬间，就折服于它的灵性，并在心灵深处任由这感觉永远蛰伏。

天空纷落的细雨烟云般轻轻地飘洒在脸庞，沁凉、清冷。依山就势，临江鸟瞰，一派独特的高山峡谷风情。从谷顶望开去，金沙江岸连绵的山峰对峙壁立，风姿绰约，气势恢宏又绝尘缥缈，摄人心魂。空气过滤得十分新鲜，可以随意贪婪地呼吸。沐浴在或曲折幽秘，或形态各异的诸如月牙、太阳形的温泉里，犹如躺在大峡谷柔软温情的胸上，任由温暖的泉水抚慰自己青春的身体，任由鱼疗池那数不清的小鱼儿轻轻地啄咬自己的每一寸肌肤，沉醉于大峡谷温泉的建筑趣味，沉醉于那薄如蝉翼、柔若轻纱、袅袅升腾的云雾……

风柔柔地吹着，在不知不觉中，雨过天晴，空中缓缓流动着若有若无、无所不在的淡淡的蓝，阳光渐渐布满整个大峡谷

爱在水富

温泉，弥漫着一股更加懒洋洋的暖意。年轻爽朗的笑声飘荡在风中，就算生性沉静的人，身体和灵魂萎靡的人，也会被这笑声点燃激情……

欣赏山水以及自然景物的心情就是欣赏艺术与人生的心情。每每欣赏大峡谷温泉中流动的生命，听着那轻扬激情的笑声，青春的血液一样会在身体里沸腾，在心中悠悠荡荡，妙不可言。待累了、倦了，斜躺在池边细碎的鹅卵石铺就的靠椅上，尽享天然的按摩，欣赏着曼妙的民族歌舞，合着微微的水浪清音，哼哼唧唧，就像在朦胧的梦中吟着一首好诗，心中充溢着一股澎湃的飒爽清气，惬意无

搬迁后的大峡谷温泉

比。此时再与朋友品一壶清香的茶，淡淡的一口，眼前的女子又幻化出古典的旗袍，美丽而不张扬，气质的清芬却在举手投足之间，似有若无地飘散开去，仿佛初恋的情怀的芳醇。你会感叹水中女子张扬的蓬勃的青春之美，或许会发现自己一度对这种美有些忽略了，或许是享有青春之时更易忽略吧？拥有而意识不到这是一种多么美的事，意识不到青春是一本过于匆匆的书，在瞬间就已翻到尽头。这个时候，便特别想留住这一刻的美丽，特别渴望时光因自己的愿望而停步，青春因此刻的美丽而驻留……你会相信：山水因生命而丰富，山水因生命而动人。一生爱不够，三世有柔情。

几度夕阳红，柳翠芦苇青。不同的季节，不同的时间，对大峡谷温泉就品味出不同的味儿。黄昏的大峡谷温泉氤氲缭绕，嗅着花草的气息，处在稠人广众之外，等待那月亮的升起，诸多的欲望自然而然淡薄下去，思想纯粹、洁净，往事的碎片恍若云烟，尽情享有自己的孤独，欣赏一簇远山、半角天光，琉璃的瓦，绚丽的墙，精致的屋，叮咚的泉……待那透亮的月儿升起悬挂在空中，柔曼的曲舒缓地敲击着心魂，大峡谷温泉更加简淡玄远、精美绝伦。黛蓝的天幕飘浮着薄薄的雾团，稀落的星子那么优雅伤感地漂浮在夜的水面。静静地泡在温泉里，静静地赏玩着如水的月色，赏玩着水中光怪陆离的灯影，静静地在丛丛芦苇与奇异怪石间悄悄穿行，在那种微微晃动的

眩晕中半梦半醒、悠悠忽忽，在幽雅诡秘、扑朔迷离的氛围里，细致地品味花之香、风之语、水之声，天籁之韵怎样在空旷无遮的月夜里游来荡去……心尽在清婉的意味丰富的曲调里沉着，身体尽在肆意穿透身体和灵魂的温泉里沉着，谷里的静，反而因人的几声低语，加深了一层。直等到猛然间惊醒，忽而觉出城中的灯影微茫地弱了，才漫步乘车回家。脑子里却定格下一幅月色迷人、星光点点、柳枝摇曳、灯影迷离的好画。那月，那水，那苍苍蒹葭，流泻出物化的思绪，写意出纤巧的诗行。你会有一种按捺不住的冲动，渴望带着心爱的人儿或家人或三五几个朋友去蒙古包体验我与草原有个约会的浪漫，去享受躺在群山之巅、大地之腹，温泉水滑洗凝脂的妙趣与幸福，去享受独栋的具有异域风情的东巴苑的安静与私密：宽敞的房间，清新的空气，柔柔的灯光，软软的被窝，亲密的人儿，又温馨又甜蜜地沉入梦乡……

这是大自然的鬼斧神工，这是大自然对水富得天独厚的馈赠，这是"返老还童泉"，昭示出一种热爱生活的理念，一种生命哲学和精神美学的回归！追根溯源，狭义的西部大峡谷，是指水富县的金沙江大峡谷，由于两岸山岭海拔超过500

❶ 玛瑙海冲浪
❷ 温泉出口：大滚锅

空中缓缓流动着若有若无、无处不在的淡淡的蓝

鸟瞰西部大峡谷温泉

米，致使水流湍急、奔腾直下的金沙江在这里形成了一个山青、峡急、水险的金沙江河谷。广义的西部大峡谷是指巧家县至水富县之间总长1300多公里的金沙江大峡谷，被称为中国西部千里大峡谷。它蜿蜒曲折，像一条巨蟒匍匐在云贵高原之上。从海拔4040米的巧家大药山下降至267米的水富滚坎坝，最深处达2040米，谷底宽50米至2000米。西部大峡谷神奇的温泉水就来自水富的金沙江底2380米深处，日涌水量达8000余立方米。1978年被云南地质勘探部发现，经国家级专家鉴定，属高热优质医疗温泉，居全国之首，其偏硅酸含量高达每升58.98毫克，还含有丰富的硫、锂、溴、硒、氢、铜、锶等多种微量元素，宜于养生，调节身体机能，促进体内血液循环和新陈代谢，尤其对各种皮肤病、神经炎、糖尿病、风湿病、感冒、肥胖症等有明显疗效。老景区因向家坝水电站的建设，已沉入了江底，新景区由谷底迁移到距离水富县城4公里的坝尾槽，山崖险峻，草木葱翠，占地1651亩，整体工程于2010年底全面建成，比原有面积大5倍，其中露天温泉浴区占地100亩，生态园地300余亩，园内设有大型海浪池，有形态各异、风格不同的

花瓣浴

花瓣池、牛奶池、咖啡池、中药池、套醋池、鱼疗池等30多个，散布在自然奇石和茂密的花丛中，可同时容纳5000人洗浴。拥有124个云朵一样的蒙古包，全国连锁的青年客栈，还有云上居宾馆、玛瑙海宾馆、养生堂、高档套房、红宫、35栋东巴苑别墅等各类房间供游客选择入住；景区餐厅豪华典雅，可供600人就餐，民族剧场可容纳3000人，同时还配备了国际会议中心、酒店会所、高尔夫练习场、健身中心、休闲保健、地热理疗、四季水城、滑草场等娱乐设施与400个停车位。目前，新西部大峡谷温泉景区已成为中国最大的露天温泉浴场，成为汇集云南民族风情特色的综合性旅游景点与度假娱乐中心。

滚滚红尘，万物有灵。温泉缓缓流淌，荡涤尘埃；生命生生不息，三世柔情。一切无法用文字言说，唯有对杨向阳先生为大峡谷温泉写的回文联"碧草溜留遛草碧，金沙汤烫淌沙金"欣赏备至。唯有感叹：山川有情，天上人间！

桃之夭夭：尘埃里的花朵

> 岁月无声，时光无言，漫步红尘，徜徉世间，穿透了几多年少的梦幻；划破了多少情感的痴念，才能逃离世俗的尘埃，来到这一片净土，邂逅世外桃源，邂逅春天一场浩荡的桃花开……

城里的你正在老去，乡村的你正在年轻。

每到三月，春天的田野是诗意的，春天的自然是美妙得让人心眼迷蒙的。位于水富县城西南27公里的"水富后花园"——太平镇，辖太平、复兴、古楼、盐井、二溪5个村民委员会，有125个村民小组1个居民小组，土地总面积228983亩，有耕地19093亩的太平镇，4606户16866人在这里安居乐业。近几年来，以铜锣坝国家级森林公园为依托，以桃花文化旅游节为特色，举全镇之力全力推进生态之镇、文明之镇、卫生之镇、旅游之镇四位一体的小城镇建设的太平镇，充分利用山、水、树、花、果等自然资源优势及合作社抱团模式大力发展乡村旅游业的太平镇，春有百花赏、夏有铜锣游、秋有葡萄品、冬有雪景观的太平镇，三月桃花李花菜花艳，四月罗汉竹笋鲜、五月枇杷蜜蜜甜、六月油桃脆脆香，七月茵红李子熟，八月葡萄等你摘的太平镇，那两千亩桃花就在眼里云霞一样地漫天飞舞……

从水富出发，上渝昆高速至庙口下高速前往太平，只需约15分钟车程就到了桃花林。漫步山野，只见山岗上、溪水边、农舍

花瓣雨

旁一抹一抹的嫩绿新枝，一片片的桃花妍艳，凝霞敷锦，把春光点染得分外明媚。干净的和风在空中飘来飘去，漫游的薄云在蓝天上飞呀飞，沿着石级而上，一缕缕香风在鼻尖弥漫，一丝丝温馨浸入心底。紧挨石级两旁雪一样洁白、火一般殷红的两种多瓣观赏桃花夺人眼目，一朵一朵挤挤挨挨，含珠带露，水灵灵、娇嫩嫩的，风前笑舞，万般风情。在半山腰俯视，中滩溪玉带一样绕太平而去，云遮雾绕，村庄在花瓣雨中若隐若现，山脚下弥漫着一片一片金黄灿烂的油菜花。那玉枝迎风的样子，宛若一群群天真无邪的女孩儿在一块拥着、偎着、戏着、舞蹈着，而那紫色的胡豆花似一大群男孩子对着她们低吟浅唱，令人生出一种神秘的想象来……

　　草长莺飞，蜂飞蝶舞，沉浸在和平、柔婉、神秘、梦幻、兴奋之中，在粉嘟嘟的桃花林里悠游，穿着五彩盛装的苗家姑娘竞相媲美，穿着婚纱、礼服的新郎新娘楚楚动人，豆蔻年华的少男少女欢快的身影，不时在林子里跑跑停停，甩下

一串串悦耳的笑声，宛若花丛中春之声一个个跳动的音符。不时又钻进花红叶绿的林里，寻一处幽静地，悄悄絮语，纷飞的落花轻轻地吻着他们绯红的脸庞，让人忘却所有的忧愁，如入梦境，清爽直透脚底，陶醉于《桃花源记》的境界，去体验唐代诗人崔护的诗："去年今日此门中，人面桃花相映红。人面不知何处去，桃花依旧笑春风。"让跳荡的心寻着《本事诗》的记载：崔护举进士不第，在清明节独游于长安南郊，看见一庄户人家，花木丛萃，桃花绕宅，寂若无人。他叩门求饮，不久，有个女子自门隙窥之，问他姓名，有什么事情。他告明原因。女子就请他坐下，捧出一杯水来，然后这个女子就倚着小桃树站立。他走时，女子送他至门口，露出依依不舍之情。崔护感到这女子待人的情义。第二年清明，想起去年的情景，崔护又"迳径寻之"。不想门庭如故，女子却不知去向。于是崔护情不自禁地在大门扉上题了此诗后离去。数日后记起这件事，再往，听见庄院里有啼哭声，一问才知女子为其相思成疾而亡。崔护大哭，谁料女子竟死而复活。再去体验那少女与崔护的心情，体验凄艳绝美、动人心魂的相思，真是别有一番说不出的滋味……

一静一动，动静相宜。空气清新，民风淳朴；浪漫乡村，风情文化。山脚下的桃花节开幕式演出场地四周，花团簇拥，灿若云霞，欢快的或悠扬或激越的音乐声、锣鼓声一阵又一阵响彻云天，人们里三层外三层围了个水泄不通，新兴艺术——沙画，丰富多彩的歌舞与小品，胆战心惊的杂

倾听花开的声音

技表演、神奇的魔术、不可思议的川剧变脸、世界级的旅游小姐及超模走秀等表演精彩纷呈，赢得一阵又一阵热烈的掌声、笑声、欢呼声……自然淳朴的农村传统竞技比赛、"桃花仙子"评选、桃园迷你跑、亲情农耕园认拍活动、农家私房菜比赛、书画摄影大赛、猜灯谜等活动吸引人争先恐后、乐此不疲；更有"卡拉OK大家唱"等你一展歌喉，当一回"歌星"，过足一次歌瘾，允许娴熟，允许笨拙，允许大方，允许拘谨，允许搞笑，甚至允许跑调，只要在歌声中找到自己、找到快乐；更有以花为媒的桃园相亲会，令人脸红的俊小伙儿，令人心跳的漂亮姑娘，一不小心就撞了桃花运，千里姻缘桃花牵，身不由己，一见钟情……这里多的是原生态草草粑、南瓜饼、炸洋芋、手拉饼、云南米线、宜宾燃面供你尝鲜；多的是最纯正的蜂蜜、高山老腊肉、本地土鸡、土鸡蛋，还有烤羊肉、生态鹅、乌金猪供你放心食用；多的是独具浓郁乡村特色的农家乐、九大碗，多的是好客纯朴的乡民、能歌善舞的苗家，亲自酿制的原汁原味的桃花酒、油桃酒，一醉方休……让你吃了还想吃，走了还

游人如织

想来。

　　山川秀美，河谷旖旎。姹紫嫣红总是春，春风十里不如你。"寻梦桃园、乐享太平。""三年三届桃花节，三生三世太平情。"岁月静好，花开花落。当又是一年春草绿，满树桃花别样红之时，当生活琐事纷繁，惑于无奈，心情格外窘迫，看不见天光云影之时，就不顾一切地让自己做一次愉快的逃离，约么？去太平！忘记时间，忘记尘俗。去太平沐浴一场桃花雨，去太平村庄里古老的石板街漫步，去连接溪沟两岸晃晃悠悠的吊桥走走，去太平盐井村薛家围墙仰望那棵高耸云天的百年银杏，去太平二溪村大院子抱抱那棵几个人都抱不住的银杏王，再静静地坐在那一地绚丽夺目的金黄里，沐浴阳光与风柔柔的轻抚，深深地吸一口气，在袭人的花香中，睁开自己心灵的眼睛，品大自然的意义和幽妙，把自己也变成一片叶、一朵花，一任飘飞的银杏落在肩上、落在眉上、落在心

上，一任桃花园里的花瓣雨在心中纷飞，一任自己在诗意里穿行：清清的关河水／温柔地揽着／太平　太平／峡谷云雾里的一朵花∥桃花林是明媚的眼波／勾魂摄魄的／不仅仅是浩荡的凡人／还有黄昏流金溢彩的云霞∥沾满花香的蝴蝶停在了枝头／沾满花香的蜜蜂睡在了花心／风一吹过／漫山的花瓣雨恍惚而陌生∥低头吃草的牛让人喜欢／飘着香的清明草粑粑让人喜欢／梨花李花菜花胡豆花豌豆花／慵懒地盛开让人喜欢∥少男少女在桃林欢闹／桃花酒醉人／有人停住了步履／有人在尘埃里盛开成了一朵花。

桃之夭夭，灼灼其华。青的山，绿的水，花花世界。夕阳西下，黄昏的桃园静寂幽深，一丛丛含羞的桃花颔着微笑，煦暖的和风轻轻地吹，这真是适情适性消遣的仙境，是窈窕淑女君子好逑的幽妙之处，是相约花下情定终身的天堂。

人面桃花

花事缤纷：苗寨里怒放的春天

> 苗族"五五"花山节，三角村坪头苗寨迎接你的是热情好客的苗家人，唱着敬酒歌的漂亮妹妹是五彩的花朵，吹奏芦笙的小伙儿是春天的乐章。双手接过羊角酒，天空之下，踏着芦笙的节拍，旋转三圈喝下米酒，醉人的不只是酒，更是苗寨里怒放的春天……

神奇三角，幸福苗寨，风情万种地矗立在大山深处高高的山巅，向世人展示着她不一样的美丽，而大山曾经一度阻住了这里的交通，阻住了这里走向富裕的道路。

2016年五月初五，当汽车沿着左盘右旋的"三三公路"向两碗镇的三角村——水富苗族聚居村行进时，心有余悸的我便有了全新的感受。虽然同样是在五月前往，同样是兴致勃勃地前往，却与十年前有了完全不同的心情、完全不同的感觉。硬化了的乡村公路路况良好，没有汽车左右溜滑，人在车上跳来跳去的恐惧，一路闲情野趣，看花赏景，一路感叹，一路睁大欣喜的眼睛：三角的天是那么深邃的蓝，三角的云是那么透亮的白，三角的山是那么清秀的俊，三角的花是那么绚丽的艳，人的心情是那么清爽的美。

山花烂漫，亮丽动人。清新馥郁的初夏风温柔地吹拂着脸庞，让人神清气爽，仿佛身处天上。曾经因偏远高寒而落后的三角，翻天覆地的变化像一幅画卷徐徐展开，坪头苗寨几个苍劲的大字在混凝土浇筑的寨门上格外醒目，寨门大道宽敞整洁，苗家人昔日那昏暗无光、四面透风的茅草房、杈杈房和岩洞再也看不见了，

这个易地扶贫搬迁点新建了学校、广场、寨门，改建、新建了安置房、活动场所、活动室等。

依山而建，风格统一，错落有致的 50 套新建安置房——别墅式小洋楼格外夺人眼目，白墙黛瓦，朱红色线条镶嵌的墙面，描绘上一幅幅具有象征意义的图案。既透出独特浓郁的苗族民居风情，又不失现代新农村气息……周边 100 亩猕猴桃示范园、500 亩核桃示范基地郁郁葱葱，300 亩天麻长势喜人……放眼望去，山川景色尽收眼底，山峦连绵，三面环绕着低缓的山脊，山花灿烂，姹紫嫣红，红的、白的、黄的、紫的……一丛丛、一簇簇，相对连片、长势良好的脱毒马铃薯的绿叶间开着一些小小的淡紫色的花，盈盈地摇曳着好似在招呼着我们，又仿佛在欢迎着我们。蜿蜒的公路像一条飘逸的银带缠绕着翠绿的山峦，上升着、飞舞着，似乎要与蓝蓝的天空、白白的云朵相连，又似乎是苗家人手中挥舞着的一条心线，充满着追

旧貌换新颜

求,充满着生活的希望。

小洋楼上方是宽大气派的广场,矗立着大理石建造的数米高的苗家图腾,图腾为圆柱体,圆柱顶端的塑像仿佛是一只站立着展翅欲飞的鹰,圆柱上雕刻着龙凤祥云。广场上方是一所新修的小学校,伫立着几幢崭新的教学楼。一路上,不时碰见梳着不同发型,戴着不同头饰,穿着不同苗族服饰的苗家人涌向广场,那五彩缤纷,绣着不同的花果草木、彩蝶鸣禽、游龙飞凤、山河壮景的苗族服饰,那风姿绰约、靓丽动人的苗族女子,让人情不自禁地心生喜爱。

带着疑问与苗家人交谈,他们对我们的疑问如数家珍地回答,不得不惊叹苗族服饰文化那不动声色的征服。他们的服饰分为滇东北次方言苗族和川黔滇次方言苗族两种,大多是自己亲自编织、手

山巅上的坪头苗寨

绣的。有便装与盛装之分，男装简单，女装复杂。其中滇东北次方言苗族服饰，男性便装是长衣、黑袖、长裤，全由白麻布缝制，上衣到衣襟为止，将两匹布按左右间隔1尺与背面缝制0.5尺，再在肩上缝上衣袖即可，衣袖用黑棉布缝制。另有将白麻布用蓝靛染成蓝色，缝制成长衫的蓝染服，从市场上购买蓝棉布，缝制样式与汉族的长衫相似。盛装则款式较多，以"披肩盛装为主"。其花纹可分为三个部分：一是花空白格菱形图形（示祖先战袍），其花空白格菱形为白麻布，菱形图穿插于空白中，用红、黑羊毛线所织。空白格用白棉布镶满，每个大菱形的中央，用蓝棉线缝制或用蜡染成一个小菱形，用鲜

艳的红布条压成皱纹条，沿花菱形边上缝制而成；二是蕨花彩图形（示祖先领空），位于肩中央，肩前后与花空白格菱形相连处，以蕨花彩形布满，配上其他五颜六色的平行四边形花纹图样，是花衣服的主花部分，也是工艺最难的地方；三是盛装领背牌（示祖先战旗），位于后颈部下方，形如长方形的硬布，以脊柱为中心向两边横对称，以方形白麻布为基料，用白棉布填其中，然后在四周及其中镶上花边或刺绣，下缘钉上彩条，即红、黄、绿、蓝线扎成的旗须，吊于背上，彩条下端，每条系上彩须及铜、锌制成的小铃，构成花彩铃响。各部分还有许多细小花纹。女性服饰为上衣下裙，便装主要是以白麻布制作对襟衣，黑色、蓝色棉布制作衣袖，衣长齐腰间，缝制方式与男性便装相同。棉布衣，颜色有多种，由个人喜爱确定。花带衣，以黑色棉布为佳，缝制方法与棉布衣相同，主要是用花绸带从左向右沿衣领口镶上，彰显美感。裙子主要有三种：一是将白麻布折叠后，用针线缝制成皱纹（又称百折叠）加花色，系中、老年人穿的白裙；二是将白麻布折叠成宽度相等的若干竖条状，在每隔几条竖条状皱褶间横向、上下有间距地加上长条蓝色，形成蓝、白相间的花纹，系中、老年人穿的爽裙；三是美观柔软，工艺复杂，在菱形图案上手绣纪念苗族祖先居住的山川河流及田地，多为青壮年妇女喜欢的花裙。

川黔滇次方言苗族服饰，男性服饰以麻布长衫长裤为主，是将麻布织好后，用蓝靛染成蓝色，上装缝成长衫，圆领口，并钉上四至六颗布纽扣，衣服左侧面从中间往下全部分开，不钉扣。袖口、衣服以及分开处的内面，均镶上二指宽的蓝棉布条做内衬，穿着时腰系草绿色腰带，并在腰前扎成腰结，两头插于两侧腰间。长裤用麻布染成黑色或蓝色，裤筒下底口内面镶一层蓝色棉布条做内衬。女装多以麻布染蓝色或市场上购买的蓝布，缝制成前齐腰间，后齐膝关节，面口从颈前面之中央向右手方以斜面口分开，钉上布纽扣，圆领口衣服，衣袖从下至上，用草绿色、红色、蓝色、白色布条及刺绣条、花边等逐一往上镶，最高可镶到肩部。胸前系一条长方形围腰，围腰周边用红、绿、蓝、白等色布条层层镶围，围腰胸口处是一块正方形或梯形白布，在白布上绣上五颜六色的各种图案，腰带两端镶上各种手绣花纹或机制花边，并钉上各种颜色的花须，将腰带缠绕腰部两圈后，

"花山节"上身着盛装的苗家姑娘为远道而来的游客敬上"三道酒"

在腰背部交叉后向下垂吊至裙底几寸即可，或者配上花飘带。裙子则分为便裙和花裙两种。便裙是在织布机上用黑白两色麻线密排，其中有两条较大的黑线带，一条代表长江，一条代表黄河，织成黑白相间的裙布。然后根据个人所需尺寸剪断，用针线折叠成百褶裙，再系上一条白色麻布或棉布，适合任何年龄的女子穿。花裙苗语称"丹帐"，是用麻布或者棉布染成蓝色或蜡染成带花纹的裙布后，用红、白、黄、绿等多色棉布剪成细块，折成皱褶，分上下多层，镶嵌珠子等饰品，镶满为止，再增加一道漂亮的刺绣。

苗族的头、足饰是区别男女老幼的重要标志，男性青壮年普遍留短发，大多数中、老年留短发戴帽，戴头帕的苗族男子很少。女性普遍留长发，用染成的黑色羊毛混入头发，挽成髻螺旋盘于头顶，发上别上梳子，或扎上红、蓝、白、黄等各色丝线，或别上一朵绢花，如今多数已不再用羊毛线混入发中

扎辫子了。未婚女子留长发辫子垂于背部,已婚女子生育第一个孩子后,将长发挽成条形盘于头顶,标志着该女子已结婚生子。小孩子则大多戴着镶有苗绣花边或机制花边,两边耳侧及帽子背部各吊一根红色旗须坠的短帽,或者顾名思义的鱼尾帽……苗族服饰的艺术讲究与完美追求,从那些工艺复杂的小点缀背带、腰包、腰带上也可见一斑,只看上一眼,就会惊叹什么是心灵手巧,惊叹什么是巧夺天工。

越来越多身着盛装的人,潮水般从四面八方赶来,聚集广场。水富在三角坪头苗寨隆重举办的第22届苗族"五五"花山节,吸引了来自贵州威宁、四川宜宾和昭通威信、大关、永善、盐津、绥江等方圆数百公里内的数万苗族同胞,吸引着四面八方的游客前来参与。他们竞相媲美、载歌载舞,将整个苗岭花山变成了人潮花海、欢乐海洋。

据记载,苗族"五五"花山节是农历五月初五,又叫"跳花山""踩花山"或"耍花山",当地人又称"五月会"或"花会"。传说那是苗族部落与异族部落十三年战争的最后一天,他们终于在丢失了大片良田沃土之后,躲过了异族部落的围剿或追杀,为了纪念苗族部落和异族部落战争的结束,他们唱起了欢乐的歌,跳起了欢快的芦笙舞……把这一天定

❶ 欢欢喜喜迎新年

❷ "花山节"苗家独具特色的体育竞技活动——爬杆比赛

为花山节,并逐渐演变成为一年一度最重要、最隆重、最丰富多彩的传统节日,成为开展祭祀活动,祈求平安,传承文化,谈情说爱,交流感情和生产生活经验,展示服饰,竞赛与放松相得益彰的盛大庆典。

震撼山谷的鼓声敲响了、欢快激越的芦笙吹响了,清亮动听的苗族迎宾曲唱起了,传统的芦笙舞与风格不同的现代舞跳起来了……苗族迎宾酒、祭花杆、打糍粑等苗族传统文化让人眼花缭乱,目不暇接,篮球赛、拔河、打鸡毛毽、跳花杆、蒙眼打鼓、吹枪、射弩、绩麻、穿衣、穿针、刺绣、背水、扭扁担、斗鸟等活动精彩纷呈,一个个精彩的文艺节目和大联欢,把花山节一次次推向高潮,

处处彰显出欢乐与喜庆，神奇与自然，让人于无形中体会到一种浓浓的情思，看见一种大象无形的胸襟。

笙歌曼舞颂盛世，山欢水笑迎嘉宾。在喧闹与喜庆中，我分辨不出哪是苗族古歌，据说能够唱古歌的健在者不多了，多数年轻人不会唱，古歌演唱濒临失传，能够听到是一种幸运。苗族古歌手哪怕他（她）是目不识丁的文盲，有的平时寡言少语，一旦开唱，便是抑扬顿挫，像绵延的江水滔滔不

绝，可连续唱上三天三夜不中断，没有重复地以说唱的形式，讲述不同内容的故事。唱苗族古歌，川黔滇次方言苗族叫作"货苟"，直译汉意为"喊歌"。古歌均为口口相传，词句大同小异，但曲调各不相同，内容大多是歌颂人类繁衍生息、

❶ 苗家婚嫁
❷ 苗寨乐师

人间真善美和苗族领袖率众与异族英勇作战、开辟山川、种植桑麻五谷的幸福美满生活，反映不断被异族、统治阶级征伐、剥削和压迫，致使苗族人民家破人亡、颠沛流离、不断迁徙的苦难历程。虽不懂苗语，却并不妨碍这些光芒四射的古歌从远古而来渗透心灵，久久激荡。

爱情是人类永远的歌唱。苗族情歌代代相传，分为两种，一种是未婚男女之间相互倾慕，有情有义的情爱对唱；另一种是男女之间的对唱比赛或娱乐。许多苗族男女都可做到张口就唱，相互对歌，情到深处，可以整天没完没了地一直对唱下去，那浑厚深情的男声与悠扬柔情的女声在山间荡气回肠："对面山上好姑娘，坐下弯腰把线穿，两只巧手织花带，送给哥儿系花衣。""妹妹心意哥早知，寻草坐下慢慢思，弯腰细细打草鞋，送给妹妹脚上穿。""花带草鞋本意深，交换到手心连心，朝暮相思情不尽，终身伴侣早日归。""砍柴要走侧面过，向妹窗前蹬一脚。娘问女儿什么响，风吹大树梨子落。昨晚芦笙吹得响，来到后阳敲石缸。娘问女儿哪样事，家神不安鬼烧香。""六月苞谷正花壳，劝郎今年把亲说。妹妹早点到你家，双双下地去做活。十七十八不唱歌，二十五六事头多。四十七八人老了，哪有闲心唱山歌。"我不由得想起一首诗歌：关于生活，我们有一种情绪很年轻／心境安详能体验到一切／任随天空有几种颜色／任凭时间多么会变／他们的精神世界决不贫瘠……

心醉神迷，乐不思归。陶醉在这纯正自然的美景之中，陶醉在质朴天然、原生态的情歌里，陶醉在真诚美好、扣人心弦的敬酒歌里，享受着苗家人的热情好客，品尝着风味独特的苗家菜，品尝着不同的山珍

苗寨竹编宴

欢乐的芦笙舞

和野菜野果，品尝着鲜美的老腊肉、烤全羊、罗汉笋、水竹笋、楠竹笋、刺竹笋、斑竹笋、苦竹笋、野生香菇、阳雀菌（羊肚菌）、刺老苞、侧耳根……在不知不觉中喝下一盅盅香气四溢斟得满满的羊角酒，你便是真切地醉了……

依依不舍地告别这个全村总人口仅 2452 人，苗族同胞就占 95% 以上的村寨，汽车渐行渐远，回眸眺望，三角的上空流金溢彩，祥云笼罩。那缥缈的云中山岭，已坐落成片的别墅式小洋楼，形成美丽的街市、繁荣的"天街"，世世代代在这大山中生息繁衍的苗家儿女，世世代代在这大山之中苦苦挣扎，如今终于把这"挣扎"变成了信心百倍的"前行"。三角苗寨已从贫困的谷地升起，走向繁荣幸福，以独具魅力的民族风情笑迎八方来客，苗家人的生活一如藏在深山里那漫山的山花，在阳光雨露的滋润下，热烈、灿烂地在春天里绽放，散发出幽幽的、淡淡的、隽永的香……

相约轿顶：苍山古木意从容

> 因山顶形状酷似农家娶新娘用的花轿顶而得名的轿顶山，苍山古木，孤傲神秘，险峻美妙，栩栩如生，是袖珍水富最高的山峰，海拔1998.5米，是驴友徒步的佳处，是水富人心中的神山。

在太平镇盐井村轿顶山下，抬头，仰望这座俊秀的山峰，仰望这座高高的山峰，竟然有些惶恐，几乎让人惶恐得窒息。四周一片寂静，只听得见自己的心脏咚咚作响。朋友告诉我，轿顶山山深、林密、路险，若是缺乏锻炼、体力弱的人，是万万不能一个人独自前往的，就算是相约而行，也需要有足够的耐力、勇气与胆量。我相信自己，背上背包：干粮、水、巧克力、手电筒、创可贴、相机、红色的登山杖，由向导带领，与十多位文友一起向轿顶山出发。

羊肠小道在绵延的山谷蜿蜒，像一条巨大的褐色的蚯蚓蠕进山里。沙砾的小路旁，蓝白相间的扁竹花正在盛开，一行人散落在峡谷皱褶间，慢慢地行走，慢慢地拍照，相互间的距离越拉越大，嘻嘻哈哈的说笑声变得有些空荡、缥缈。翻上第一道山梁，落在最后的四个人中就有人打了退堂鼓，一边擦汗，一边气喘吁吁地坐在石头上说："你们几个继续，我不想走了，走不动了！""要得，我与你一起回去，这山凶！""哪个说就回了，爬山才开始，好不好意思哦！走！走！走！不许打退堂鼓！休息一会儿就

出发,一个都不许往回走!"话音刚落,说想一起回的人一下来了精神,丢下我们三个,噔噔噔噔地跑在了前头,一会儿就不见了踪影。这时候听见远远地传来了呼喊我们的声音,我们加快了脚步。灌木林由稀疏转向茂密,一棵一棵的小树,偶尔间杂着一棵大树,深绿、浅绿、鹅黄……春天的颜色盈盈欲滴,铺天盖地地涌进眼底。

真正意义上的爬山还没有开始……

初春

采笋老人

　　没有人家，没有一丝杂质的空气，直润肺腑。我们与寂静的山融合在一起，与各种色彩的树木融合在一起，与澄明清新的空气融合在一起，与柔和的清风融合在一起，与明媚的春阳融合在一起……拍照，小憩，擦擦额头挂着的汗珠，闭上眼睛，便感觉柔柔的山风徐徐吹来，感觉到它用轻轻的声音在耳边吟唱，送来三五声清脆的叽叽喳喳的鸟啼，还有欢快的交谈声、急促的喘息声与嚓嚓的脚步声……这轻声的喧嚣更衬托出山的寂静，更让人感受到妙不可言的享受在胸中撞击。我们喜爱这种感觉，喜爱这山中行走的感觉，喜爱这偶尔在寂静中发呆的感觉，喜爱这偶尔与世界失去联系的感觉，喜爱这对未知的轿顶山充满无比想象的感觉。

　　当翻上第二道山梁，弯弯曲曲的沙砾羊肠小路被甩在了身后，模糊不清的山路陡峭、粗糙起来，触手可及的树木更加茂密，鸟啼的声音更加清脆悦耳，步子也越来越慢，呼吸却越来越急促。寂静幽深的

❶ 轿顶山罗汉笋

❷ 轿顶山刺老苞

山中,一棵青翠欲滴、枝繁叶茂的大树吸引着我们,树后的一位背着沉甸甸的大布口袋的妇女从山上小跑而来,到了大树下依着一块靠山的石头停下来歇气,近了才发现这妇女年事已高。她奔跑的速度实在是令人惊叹,与她一番闲谈,得知她已经六十八岁,一大早就从家里出来,背的口袋里装的是才从山上掰的罗汉笋,有六七十斤重。老人告诉我们说,由于年龄大了,所以背得并不算多,现在趁早赶到盐井街上卖掉。山上罗汉竹林里还有好多人在掰笋子,体力好的一天掰的笋子可以卖两百来块钱呐。原来这隐隐约约的山路就是每到春天,这些山里人每天上山掰笋子踩出来的,我们这些缺乏锻炼的所谓城里人徒手而上也觉得很吃力,可这老人家背着这么重的笋子,却是精神抖擞、面带笑容,休息一会儿又一路小跑而去。那背上分明背的不是笋子,而是老人的生活,老人一家人的希望,是朴实勤劳勇敢的人生……她的笑容是那么坦荡,喜悦是那么简单、真实,这喜悦与坦荡让人羡慕与向往,仿佛偏僻与穷困,艰难与坎坷,都被轿顶山赐予的享用不尽的山珍美味所融化。一种强大的力量在心里滋生,并传递到脚上,这力量足以保留或挽回一些生活中、成长中我们失去已久的宝贵的东西。这力量让我明白,生活中更重要的是心境、是感恩。望着她的背影,敬重油然而生,望着轿顶山,敬畏油然而生!

沿着越发模糊不清的山路前行,很快就到了一片茂密的罗汉竹林,林子里果然有一二壮劳力,或者三五妇女在掰笋子,他们在竹林里埋头四处搜寻,跑来跑去的身影是那么悠闲、轻快,他们说话的声音在竹林里飞来飞去,传递着轻松与惊喜,传递着丰收的

山垭口上巨大的古木

喜悦。我们拨开一丛丛茂密的竹子，嗅着竹叶淡淡的清香，穿行在竹林深处，远远地与他们交谈，询问到达山顶需要多少时间。她们笑声朗朗地回答道：以你们的速度还早。前边过去十多个人，你们是一路的吧！你们走得这么慢，怕是追不上他们了。我很想跑进竹林里去扳点罗汉笋，东瞧西看却没有发现一根，一听说到达山顶还早，心慌得赶紧往前赶。

竹林里的小路向山顶延伸，坑坑洼洼，高低不平，汗水顺着脸颊直往下淌。不知道走了多长时间，爬得晕头转向的我们，总算看见了垭口，一个人正在那里烧火取暖，他一招呼才看清楚原来是等在那里的向导。向导说这里左右两条路，右边不远就是山顶，怕你们迷路，等你们久了好冷。我们顿时觉得一缕春风从心上略过，格外温暖，一股力量再次从心底升起，三步并作两步地登上了垭口，哇！忍不住大声惊呼，云雾缭绕的垭口一下就把人镇住了，人突然间耸立在了山之上、悬崖峭壁之上，仿佛插入云端、腾云驾雾，又仿佛是要被风吹跑，站立不稳的晕眩。一棵两三人伸直手臂才能环抱、高数丈、枝干遒劲、树冠如伞的黄桷树，缀满了小小的嫩嫩的芽苞，伸出修长的枝丫，像一个高大威猛的卫士屹立在那里，一边是幽深的罗汉竹林，一边是深邃的山谷，深邃得一眼望不见底……风呼啸着从四面八方席卷而来，冷气逼人，一霎间，就吹干了身上的汗水。云雾一会儿浓厚得遮住了一切，一会儿又消失得无影无踪。左右的山梁若隐若现，左右的树若隐若现，一会儿躲藏在不可知的深处，一会儿又舒展出伟岸的身躯、修长的玉臂……险要雄奇，苍茫深邃，古怪迷离，就是垭口的全部。

  太冷，时间太紧，我们在向导的催促下依依不舍地沿着山梁向轿顶山的最高峰出发。这是一段怎样的山梁啊？原始而魅惑，枯败而繁茂。整个山梁最宽处不过三五米，被灌木丛与罗汉竹遮掩的路却比登山时的路宽阔了些许，平坦了许多。在迷迷茫茫中穿行，偶尔可见三两株紫红色的玉兰花拨开云雾，一树地盛开，在翠绿、鹅黄中绚丽夺目地探出头来，演绎出无限的春色。我最百思不得其解，在山梁上的罗汉竹长势良好，凡是比碗口粗的树木却都是朽木枯枝，光秃秃的，了无生机，孤独地傲立着，散发出腐朽的味道，尽显沧桑岁月里无尽的挣扎。一棵一棵伸向天空像是巨大的惊叹号，又像是无声的呐喊，一棵一棵仿佛已沉睡千年万年，又渴望复活的生命，一下又一下地击打着心灵、震撼着灵魂，沉甸甸地压在心里。

　　心有向往，心无旁骛，终于到达了自己神往的地方——轿顶山的最高点。到达山顶，真是美妙的一瞬，只听见一片欢呼声、一片赞叹声，而这欢呼竟然是我们的，这赞叹竟然是我们的。苦累不翼而飞，疲惫不翼而飞，喜悦与幸福降临。环顾四周，山顶平常得不能再平常

傲然独立

了，只见小小的狭窄的山顶为缓平顶，一侧为万仞陡壁，完全被罩在雾气之中，视野被浓雾限制在三五米内，看不见远山，边上环绕着罗汉竹。再就是有三两棵小树，看不见一棵像样的大树，甚至连先前垭口山梁上那些枯死的树也不见了踪影。一个破损得没有四壁，只剩下几根屋脊骨架的棚棚，一个失去头颅的淡定的菩萨，无声地诉说着一座寺庙曾经的繁华，曾经的沧桑，永远的伤痛，遥远而不为大多数人知晓的传说……据说天气晴朗时，可以远远地望见蜿蜒奔腾的金沙江。难怪轿顶山还有另一个名字罩顶山，要不是自己一步一步走上来，真真切切地知道已经到了轿顶山的顶峰，真疑心这里是否是海拔1998.5米的山顶，真疑心这里是否真是水富最高峰，但它又确确实实是，大自然的鬼斧神工真的是太不可思议了。我试图透过浓雾看见点什么，可惜什么也没有看见。事实上，任何事情，无论我们付出了多少，都不一定能够获得我们一厢情愿的期望。

仅仅三十来人就把整个山顶挤得满满当当，早已到达山顶的十多位绥江文友将在这里露营，他们挖坑搭灶头的挖坑搭灶头，抱柴火的抱柴火，择菜的择菜，倒酒的倒酒，一会儿就看见锅边冒气，香喷喷的腊肉、苞谷粑的香气热腾腾地缭绕着……围坐、畅谈、举杯，在谈笑中且饮且唱，热闹甜美，温暖至深……真想与露营的文友一道待在这个安静圣洁的地方，待在这神山的腹地，待在这寂寞冷洌的春风里，嗅着淡淡的竹叶清香，嗅着腐朽的树叶味道，在云开雾散、日出之后，在夕阳之后，在饮醉之后，在聚散之后，再回到现实的生活中，再在生活无边的劳碌中，一点一点回味这自然的趣味与无边美好！感受会当凌绝顶、一览众山小的雄奇壮阔，感受大山的无限寂静……不需要太多，偶尔，需要寂静，让我们逐渐麻木的心灵轻舞飞扬。

为了保证天黑之前平安下山，只能短暂停留。我们带着遗憾，带着不舍，带着难以忘怀的心情依依惜别，在心里对着轿顶山山顶说了一声再见。

下山更比上山难。刚下垭口，一进罗汉竹林，我就跌倒在罗汉竹林的岩边，好险。向导马上教我下山穿行罗汉竹林的技巧，抓住竹枝一路往下，自然走得又快又稳。不得不佩服向导与同行的人，他们不仅上上下下行走自如，还有一双善于发现的眼睛，一会儿就掰了满袋的罗汉笋，还提着满袋的刺老苞。刺老苞是轿顶山除了罗汉笋之外上苍赐予盐井人的又一种山珍，漫山都是，却并不好采摘，躯干脆而有刺，差不多都有手臂那么粗，两三米高，要用弯刀砍断，才能取得枝头上那嫩嫩的、暗红色夹杂着暗绿色的嫩芽。据说它的枝干没有其他用处，砍了来年春天它照样长得又快又好。

出了罗汉竹林，在这大山那一叠叠的皱褶里行走，上山时并不觉得是沙坡坡的路，在下山时我的休闲鞋却一路打滑，就算是依靠着登山杖下蹲着小心翼翼地一步一步往下走，还是站立不稳，有时就像坐梭梭板一样直往下梭，两边光秃秃的没有任何树枝或者竹子可抓。我的心纠结成了乱麻，生怕一不留神就滑下山崖，眼看着天就要黑下来了。我目不斜视，试图加快步伐，却一切努力都是徒劳。同行的朋友看见我一步一步地伸出脚，踩稳了才敢换另一只脚，忍俊不禁，又见我身后再无其他人，不得不放慢步子，跑一小段又赶紧停下来等我一会儿，再三对我说这种走法不对头，要放开胆子，看准一个可以站稳脚的地方，然后小跑到那里收住脚步，自然不会摔倒，才有速度。像你这样下山怕是腿都走软了、走痛了，天都黑了还走不到山下。说的道理都懂，但还是不敢小跑，生怕自己一小跑收不住脚步，冲到山崖下去。眼看我一筹莫展、一副狼狈相落在队伍的最后，还越走越慢，时间却到下午6点，两个朋友实在是于心不忍，一边为我鼓劲，一边一前一后拉着我的手一路冲下了山。那是一种永远不会忘记的完全窒息的感觉，一种对苍山古木意从容无限敬佩的感觉，而不得不感叹，再好的风景如果太险峻了，怕也是无心欣赏；再好的风景一个人走得久了，没有谁分享，怕也会觉得寡味无趣。再坚强的人生，有些路途还是需要朋友伸出援手，让

自己欣然接受朋友最真诚的帮助,并心存感恩,尽自己最大的可能去帮助别人。

古人说望峰息心,我的心却比来时跳得更为激越,更加懂得生命的意义!活着的意义!快乐的意义!回望轿顶山,这亿万年前就铸就的巍然神山,此时已经隐藏在崇山峻岭之间,又很快地被夜色湮没,但轿顶山的春天却立在了心里,那一棵棵年轮不详,在岁月中风化、坚硬和不朽的沧桑树木却立在心里,坚强、朴实、勤劳的山民却立在了心里……

沧海一粟,淡定,从容,丰富,恩赐,无与伦比,就是轿顶山的一切,怀着十二万分的虔诚,朝着轿顶山的方向回望,我们默默地再次向它致敬……

古木苍苍

自然密语：迷离回龙堡

> 太平镇最远的一个村庄，这里地处偏僻、人烟稀少，只有三十多户人家，百余人。这里随处可以真切地感受到大自然的一切，蓝天、密林、花香、鸟啼、牛叫、羊欢；这里随便一户人家都可以让你真切地触摸到一个古老、热情、平和、淳朴、勤劳、隐忍、美丽的民族而顿悟，感受恍如隔世，感受时光静好、诗意栖居的幸福……

2007年的初夏，何夕兮的一篇散文《行走回龙堡》仿佛一点一点地在往心里下毒，彻底把我迷住了，从此在脑海里挥之不去："谜一样的回龙堡，令人神往的回龙堡。"它是《桃花源记》里的净土，原始、疏离、深邃、幽秘、怪异……那"堡"上盘旋飞腾、形态逼真的"龙"形；那似路非路、密密匝匝、茅草丛生、灌木挡道的丛林；那用长长的弯刀奋力砍伐枝条、开辟道路的艰辛；那用竹竿探路，怕遇野兽、恶物的小心；那挺立不倒的百年珍稀老树；那湿漉漉的清爽空气，开满各色野花的草地，蜿蜒而出的小溪，唧唧欢唱的小鸟，咩咩啼叫的羊群；那藤蔓杂草缠绕簇拥着的古墓；那五花八门、稀奇古怪的房屋建筑；那个名叫"大院子"的地方；那两棵百年老树的悲情传说；那不知世外变化、散落在山间里孤独、贫困的几十户苗族人家；那不肯出山读书，说是"那里没有我们的人"的小女孩；那偶遇带路又发出狂笑一转眼跑到对面山上用苗语大叫的妇女……无一不让人心生向往，欲罢不能，莫名的恐惧与敬畏……

时间一晃就是十年，十年入骨入魂的难忘，十年入骨入魂的

回龙堡新貌

牵挂,也有了"十年生死两茫茫,不思量,自难忘"的感伤。2017年,我终于说走就走,踏上了这片神秘的土地,这片需要用眼睛去打量、用心灵去对话、用灵魂去触摸的土地……只是何夕兮说,新修的回龙堡已经完全变样了。她原本深藏在林子间的老屋,那幢两层楼的小小的木板房已经被公路与新房子包围。或许你从来没有去过,依旧能够感受到不一样的回龙堡,在感受到它新生的同时,体味到它的古老与神秘;只是没有何夕兮一同前往,多少有些像是盲人摸象,只能寻着她的描述与记忆去寻找……却不曾料到,这回龙堡竟然藏得那么深、那么远,去了三次都找不着北,去了三次还想去……时间真的是个好东西,时间又真的是具有无穷的渐变……

一上回龙堡,已经是2017年的2月,立春刚过几天。蜿蜒的乡村公路从太平镇二溪直通海拔1500多米高的寨子。正午,群山苍黛,湛蓝的天幕水洗过一样,云朵洁白,飘来飘

去，远处的林子雾气升腾、光影绰绰，一条条小溪从山顶掉入山涧，高山上的阳光干净又冰凉，打在荒地和远山上的茅屋上，打在高大的木质的寨门上，打在苗寨一幢幢大多关门闭户矗立着的崭新的别墅上，给人一种无边的荒凉感与深邃脱俗的静美。一个头上用一把梳子固定着发髻，脖子上围着大红色头巾、身穿苗族服饰、脚穿水靴的妇女，一边吆喝着跑远的几十头羊，一边不时笑眯眯地回望拍照的我。我试图追上去，却眼睁睁地看着她精灵一般与她的羊踏着泥泞的山路，飞一样地越过一个山坡，转眼间就变成一个小红点，消失在对面雾气缭绕的山谷里……

不远处起伏的山坡上，散落着的五花八门、材质各异的一幢幢老屋，与树林、大地自然巧妙地融为一体，东一栋西一栋，甚至一些茅草棚明显可以看出已经东倒西歪、无人居住，莫名的情绪慢慢荡漾开来，感伤更有感动。曾经地处偏远高寒、信息闭塞、生活节奏缓慢的回龙堡，不多的几十户苗族人家，多少年了，多少辈了，他们自由生活、安居乐业，日出而

❶ 坚实的木板房
❷ 牧羊女

作、日落而息地生活在这里,呼吸着最清新的空气,吃着最生态环保的食物,享受着不被外界惊扰的田园生活、诗意生活,恬静而知足地居住在这些就地取材、天然简陋、原始神秘的房屋里。他们总是根据自己的意愿,想用什么材料建房就用什么材料,比如说墙壁,就可以是一捆捆的树枝,可以是圆木,可以是木板,也可以是石头,可以是泥土;房顶上可以是瓦,可以是茅草,可以是玉米秆,也可以是一层泥土,还可以是片状石头。

"人呢?都去哪儿了?""打工的打工,干活的干活去了……"一男二女的笑脸是那么灿烂,热情地招呼我们进了他们新修的楼房。为了表示对客人的尊重,进屋他们便换上了干净的苗族服装,骄傲地带着我们观看了楼上楼下七八间卧室,还有宽大的厨房、卫生间。尽管家具陈旧、简陋,再没有其他任何值钱的东西,他们身上洋溢着的满满的幸福,还是让人心生羡慕。男子接着又带我们去了他原来居住的老屋,茅草搭的屋顶,用竹片、木板拼做的墙壁稀牙漏缝,塞满了乱

老屋后是宁静神秘的老林子

盛装的小女孩

七八糟的塑料薄膜，老屋门外散放着几十只乌骨鸡，只见他在门外的一个背篼里摸索了一阵，掏出一把钥匙开了门。进门就是一个火塘，上方挂满了一块块金黄油亮、香喷喷的，令人垂涎欲滴的老腊肉……"这么多的腊肉，钥匙就放在门外，不怕被偷吗？""不会的，我们这里不会有人偷东西。过去一年到头就只有种地，吃点土豆；一年到头养不了几只鸡、几只猪、几只羊，只能偶尔吃肉，都没有发生过偷窃的事情，何况现在大家的生活都好起来了。""你们的腊肉、土鸡卖不？""基本上不卖，都留着自己吃。"

山坡上自由散放着的不多的猪儿、羊儿、牛儿、马儿，悠悠闲闲地啃吃着青草，所有的存在必有拯救。因为同行的人有事，走到回龙堡的半山腰，我们就打道回转了。我还没有登上最高的那个山坡，将整个回龙堡这处依风水而言，很多人梦寐以求的风水宝地尽收眼底。看见十年前何夕兮说的："那个山坡就应该是回龙堡的

'堡'，这'堡'上可以活生生地看出一条'龙'的形状来。那'龙'头在右边，身子绕着整个'堡'转了一大圈，尾巴落在头的附近，恰好是一条盘旋着的飞龙！就缺一水库。你说都有龙了，没水咋行呢？若能将头尾相接处的小溪截断，形成一个水库，这里就应该兴旺发达了。"

人如草籽，撒到哪里就长到哪里。土地护佑庄稼，自然护佑牲畜，上天护佑回龙堡。时光如水，经过十年的岁月，在回龙堡修建水库的想法停留在她的畅想里。蜿蜒的公路却分明像是另一条飞龙，与藏在深山人未识的回龙相遇，二龙呈祥，回龙堡真正地富裕起来了……但我还是想站在高高的坡顶，亲眼看着这两条护佑回龙堡的龙，在和煦春阳下盘旋飞腾……

我深信，这是大地慷慨的赐予，这是他们的希望。

没有看见回龙堡的龙，多少有点不着边际的迷惘与不甘。听说回龙堡元宵节有苗族特色的庆典活动，才离开回龙堡几天的我，又迫不及待地约起几个朋友二上回龙堡。天阴阴的，空气湿漉漉的，远山寂冷而苍茫，风呼呼地吹着，庆典还没有开始，久违了的洁白的小雪花飘落了下来，在眼前飞着舞着，又轻轻地落在头上、落在肩上，悄无声息地融化为看不见的水。就在这飞扬的春雪中，三三两两身着盛装，戴着不同风格头饰，梳着不同发髻，说着听不懂的苗语的老人，穿红着绿的苗族小伙儿，头戴鲜花、水灵灵的苗族小姑娘，活泼可爱、一身新衣的小孩……晃亮了眼睛，欢快、喜庆的芦笙响起来，一曲接着一曲，时而洪亮深沉，时而圆和流畅，时而明亮纤细；热烈、激越的舞蹈跳起来，尽情展示出苗家这个古老民族对劳动的赞美、对丰收的赞美，对自然的敬畏与感恩，更是发自内心的喜悦与欢愉……在料峭的春寒里，宛若铺天盖地的热烈的阳光，让人心生暖意，更强烈地渴望找到何夕兮说的那片世外仙境。

一个身穿黑色衣裳、白色裙子，皮肤黝黑、脸庞红润的苗族老婆婆从我的面前走过，我的目光一直追着她的身影，急速向空旷的山坡荒地移动的身影，贴着山坡的身影，贴着土地的身影，向半山腰看上去有些飘摇的茅草屋移动的身影……经不住那流动着的、孤单的美丽的吸引，经不住那茅草屋后静止的神秘的丛林的吸引，我们终于忍不住追了上去。

山坡就在眼前，沿着一条清澈的小溪，走了好一会才走到坡底。呼吸

盐井村薛家围墙银杏树

着清凉的空气，感觉心肺都是清爽的，再一路上山，由于步子有些急了，汗水一缕缕从脊背往下淌，湿漉漉的。抬头仰望上去，山坡上的土地还荒着，没有耕种，晃见一处四壁空空、无人居住的茅草屋。再抬眼一看，老婆婆已不见了踪影，半山腰上的茅草屋却冒出了一缕缕缭绕的青烟，那是炊烟吗？炊烟，多少人的故乡情结，多

二溪村老院子银杏树

温暖的苗家老屋

少人执着的怀想。这一刻，特别想坐在那茅草屋前，坐在那青草地上，嗅着那浓郁的炊烟味道，沐浴着这一场春雪，听丛林的涛声；特别想走进那茅草屋，依偎着温暖的火塘取暖聊天……

我一路猜想茅草屋里是怎样的人家，猜想是不是先前那个老婆婆的家，猜想为什么这一户人家没有搬到山坡下的新建楼房……一路猜想着到了茅草屋前，茅草屋是那样破旧，两个挖空树心已经很久没有使用、喂养牲口的木槽，各有约两米长，干枯而缺乏生命力，但我耳畔却响起马儿酣畅吸水、牛儿酣畅吸水、羊儿酣畅吸水的声音。一群散放的还没有长大的乌骨鸡在茅草屋周围咕咕咕地觅食，大约是听见了我们的脚步声与说话声，一个老婆婆倚着门扉热情地招呼我们，原来这里就是先前看见的老婆婆的家。

一切皆隐于自然，自然得不露痕迹。老婆婆的家是典型的工序简易的权权房，几根树栽入地下一米左右为柱，中柱最高，两根中柱顶横梁，其余的等高柱间横搭檩子，用竹或细长木条竖搭在梁、檩上做椽子，构成斜屋面，椽上横绑竹子、木条，上盖茅草，四周墙壁稀牙漏缝，只是随意地用竹片、木条、茅草、杉树皮、玉米秆、塑料布等遮挡。一进屋子，阳光一下子暗淡下去，只从屋顶、墙壁四面的缝隙落下斑驳的光影。跨进里屋，一股热浪扑面而来，几根碗口大小的木头正吐出两尺高的红红的火焰，把一个抽着旱烟、脸上布满皱纹的老爷爷的脸庞映照得通红，两只灰色的小猫慵懒地依偎在他的身旁。老婆婆介绍说那是她的老伴，八十多岁了，自己也六十好几了。"你们没有修新房子吗？"我好奇地问，"修了。""为什么不搬进新房去住呢？"我无法想象住在这样四壁通风的房子里怎样过冬，北风来了能抵挡吗？风雪来了能抗拒吗？"回龙堡冬天冷得很，新房子里没有火塘烤火，祖祖辈辈都生活在山上，我们也习惯生活在山

上。山上埋着我们的祖先，地里长着我们的苞谷、洋芋……"老婆婆的回答让我顿悟自己的无知，更多的时候，我们得用心去倾听，才能听到发自内心的声音，才能懂得，生活以生活本身说话，熟悉的环境，熟悉的方式，无法背离。

　　为老婆婆、老爷爷拍了不少照片，一行人一起围坐在火塘四周烤火闲聊。老婆婆不时往火里扔一些竹片、竹枝，旺旺火焰的让人身心舒软，忘记了劳累困顿，忘记了烦恼忧愁，自然也忘记了打听一个名叫"大院子"的地方，忘记了去看那棵百年老树，忘记了去验证盐井村"围墙头"（地名）关于一棵银杏树的传奇故事。据说"谁也不知道那棵银杏树的年龄，在有故事的时

樱花树下

候,它就已经大得出奇。那棵老树的根部是中空的,里面可以容纳一头牛避雨,或者可以容纳一桌人摆着饭桌吃饭。后来家族闹了矛盾,有人在深夜里偷偷在里面放了一把火,这把火从内至外地燃烧,足足烧了一个月才熄灭。不远的一家人靠着砍伐这棵银杏树烧剩余的根部,几年不用上山砍柴。"据说:"大院子并不是真的大院子,只有分散开的两三户人家,有两棵树。一棵是很大很大的核桃树,果实累累,树根部中空,可容一人侧着身子钻进去,里面至少可以容纳两个成年人。另一棵是银杏,又叫白果树,百年结果的意思。树很大,个子高的人伸出两只手臂,也只能围住树身的五分之二。它的树枝上,挂着一个个尖尖的果子,白果白果,百年结果,所以这棵树很老了。"据说"白果可以治百病,可以延年益寿,白果树身上有一些被锯过的痕迹"。

闲谈中,一起去的一个朋友随意地问道:"婆婆,你们养了多少只鸡？""40多只。""卖不卖呢？多少钱一斤？""30元一斤。"朋友只是随便问问，熟料80多岁的老爷爷与60多岁的老婆婆追了出来，一眨眼就在地里逮住了一只公鸡、一只母鸡硬要送给我们，不要就硬塞到手里。我们赶紧放到地上快步离开，谁知两个老人马上又连扑带按地捉了，再次追了上来，身手敏捷地唬住了我们。我们脱不过这样的人情，更不能辜负这样的真情，也担心两个老人摔倒。尽管两个老人拒绝收钱，我们还是坚持付了150元买公鸡、付了100元买母鸡之后，才离去。

　　雪不知什么时候停住了，看着老爷爷有些佝偻着的身子伫立在风中，目送我们远去的身影，我感觉到有温热的东西从眼眶奔涌而出……

　　时间一晃已经是三月底了，气温总是升不起来，太阳总是藏着掖着，除了冷还是冷。突然出了太阳，便是大大的惊喜与兴奋。"走，再去回龙堡！"朋友电话邀约。真正的心有灵犀，回龙堡的神秘无论怎样也挥之不去。我想去回龙堡的林子里，去寻找那些巨大的树，那些裸露在土地上纵横交错的树根；我想去寻找那些溪水的源头；我想去看看茅草的屋顶是否已经被春色覆盖，那些起伏的山坡是否已开满大片大片的杜鹃花，以及不知名的野花；我想去看看那些玉米和洋芋是否栽种，洋芋苗什么时候才能开花，它的花是不是紫色的，是否散发出幽幽的清香。我还想去问问香甜可口的白米泡儿什么时候成熟，哪里才能够寻找得到……

　　上了回龙堡，碰见一个背着一大包罗汉竹笋的苗族妇女，才知道原来回龙堡也是罗汉竹的盛产地，这个季节正是其疯长的时候。沿着一条罗汉竹夹道的泥泞小路上山，左边可以望见曾经去过的老婆婆的家。山坡上一垄一垄的疏松的土地干净整齐，房前屋后栽种的蔬菜郁郁葱葱。茅草屋顶被东一片西一片的绿草点缀着……正前方空荡荡的土地一垄一垄松散着，看得出勤劳的苗家人已经抢在季节前松了土，只等四月一到就栽种。土地间，一棵枝叶繁茂开满白色小花的树，一棵落英缤纷的树，一棵孤傲的树，亭亭玉立、风情万种地在风中伫立着，这是什么树呢？是苹果树吗？

越过几垄松过的土地，一栋青瓦木质墙壁的房屋掩映在一棵巨大的樱花树下，樱花树有十几米高，枝干遒劲，枝丫纵横，叶子稀疏，花瓣凋落，让人不得不在心里惊叹之前它那一场浩荡的盛开。我们站在门外蔬菜地的篱笆墙前的稀泥凼凼里，大声地问，家里有没有人。听到清脆的应答声，从敞开的大门进去，只见三个貌美若花的女子在家，我猜想一个是母亲，两个是女儿。另有一名胖嘟嘟的婴儿，还有一只灰色的猫在屋里悠闲地走来窜去。见到我们她们赶紧换上劳动时舍不得穿的苗族服装，女主人的服饰主调是白色与蓝色，大姑娘的是红色，小姑娘的是绿色，镶嵌着艳丽闪亮的各色饰品，连小婴儿也穿上了与妈妈一样色调的衣服。

细细地打量整栋房子，是一字形排开的穿架瓦房。穿架房是将笔直的上好木材人工去皮、刨光、打孔、制榫，将立柱、横梁、檩子、椽子等相互串接而成，不用任何铁钉和捆绑，墙壁用木板装成，楼上屋顶悬挂着黄金的腊肉。堂屋有两扇宽大厚实的实木大门，高高的大碗粗的房梁，木板做的墙壁，扎实宽大的木制楼梯，长长的木质条凳，正在播放的液晶电视，几袋已经剥好的罗汉竹笋随意放在地上，进门左边的房间既是睡觉的地方，也是烤火的火塘，四根长长的木质条凳摆放在火塘四周，让你感受到她们家的兴旺、富足与奢侈。

诗意栖居，恍若隔世。

女主人随意地往火塘里丢一根碗口粗，约两米长的树干，用火星点燃竹片引火，树干一下就燃了起来。女主人又把一个水壶悬吊在了长长火舌的上方，把十多个小小的洋芋扔进了火塘，我们随意地一边摆谈，一边拍照。交谈中，才知道她们刚从山上打了笋子回家，家里的男主人还在山上一边放羊，一边在竹林里打笋子，那名可爱的婴儿是两个姑娘的妹妹，穿的漂亮衣裙都是自己做的。妈妈姓朱，女儿姓杨，她们家光是羊就养了40多只，山下也修了新楼房。凝视着她们明媚、静美的笑脸，发自肺腑的知足与骄傲，一眼就可以看出这户苗家不仅女主人善良能干，还有一个能干的男主人。

不多一会，壶里的水咕噜噜地开了，女主人为我们的水杯冲上新鲜的开水，再用弯刀把洋芋从火灰里扒拉出来，拍灰剥皮，香喷喷的味道便直扑鼻孔，我忍不住吃了两个。随后，女主人背上背篼，大姑娘抱着小婴儿，小

走进老林子

姑娘扛起锄头,踏出家门就到了她们家的菜地。地里一大片嫩嫩的小白菜,在阳光下水灵灵地闪烁着。她们悠闲地摘菜,悠闲地松土,在樱花树下嬉戏笑语,不时哼唱着我们听不懂的悠长且情深的苗歌……

人间烟火,自在修行。虽然新房子修在了集中安置的"堡"上,回龙堡在发展中有了很大的变化,她们还是舍不得彻底离开老屋,这里有她们的根,这里有永远不会熄灭的火塘,有红色松软的泥土,有成片成片紫色的洋芋花,金色的玉米穗子,香甜可口的白米泡……有碧绿的草甸,青翠的竹子,茂密的森林,清澈的溪流,有竹荪、三塔菌(鸡枞),有野草莓、红树莓、紫树莓、猕猴桃、八月瓜,有侧耳根(鱼腥草)、小韭菜、清明草(鼠麴草)、野山葱……更有淳朴的民风,及她们的怀想与念想。

不忘初心,方得始终。渴望寻找的那些人和物,依旧又一次没有问,也没有去寻找,或许我们心灵里真正需要的无非就是拥有一片没有车水马龙,没有城市喧嚣,没有机械吵闹,没有俗世纠纷的净土。对于看重物质生活的人来说,原始、静谧而祥和的回龙堡,或许并不舒适,可是对想要感受自然和原始部落文化的人来说,这里是绝佳的去处,只是不知道,世代居住在回龙堡的苗家人,是否意识到他们拥有的这些东西,正是世间许多地方缺少的、弥足珍贵的瑰宝。

第三章

文化交融　春风化雨

　　风花雪月，钟灵毓秀；山水合一，人杰地灵。栽下梧桐树，引得凤凰来。它的博大、远藏，它的辽阔、浩瀚，它的圣洁、宁静，它的真实、美丽，它的宽容、气度，它的古朴、时尚……具有一种感召，一种释放，一种诱人的向往，一种不屈的奋进。

荟萃人文：风月总关情

> 五千年文明，孕育金江文化，富足一方水土；千万年流水，赐福水富人民，醉倒千年风月。山水有知音，风月总关情。一个个多梦的季节，一个个收获的季节，墨客骚人，百花齐放，小城大象，硕果累累。

　　十多年前，作家董保延即兴朗诵自己的诗作《水富三唱》，那时而高亢，时而舒缓，时而激越，时而抒情，富有磁性的男高音，在寂静的山河间飘荡，"山的恋情／托给泉水／水的热度／暖了人心／人的灵气／化为金沙／金沙流成江……"至今还在耳旁萦回。女诗人武眉凌一首《你不是胡杨》，对铜锣坝森林的赞美声"……穿过几百年来看你，只为了与你相遇……"具有纯银的质感。著名诗人、鲁迅文学奖获得者雷平阳书写的《在水富港》，文字与书法间，让人感到这是骨子里流淌着的血液，你能从这血液中嗅到生命的美丽与芬芳，"在这儿找到了天堂……"

　　山不厌高，水不厌深。金江做证，峡谷做证。问渠哪得清如许？为有源头活水来。艺术家们在水富这块土地上来来去去，带着一双锐眼、一腔诗情，抛下世俗的欲念，与山水周旋，与大地结亲，与文化艺术勾连，泼墨挥毫，写下了一首首脍炙人口的诗与歌，留下了广为流传的楹与句，赋予水富文化崭新的内涵。

　　1986年5月23日，李乔、晓雪、王伟、李霁宇、陈见尧、芮增瑞等云南省著名作家、诗人、编辑到水富采风，为水富留下了

贾平凹题字：万里长江第一港广场

饱含深情的诗句。如今晓雪的歌吟"大厂临江立，新城依厂生。厂沃万方土，城酝四时春。美酒醉明月，宝珠耀眼明。当前惊巨变，远景更动人。我已不思归，愿做水富人"已广为流传。2003年11月6日至8日，赵浩如、董保延、杨世光、杨向阳等书画家、作家到水富，兴之所至，吟诗作画，情真意切、脍炙人口。2005年，著名作家、鲁迅文学奖获得者夏天敏为水富洋洋洒洒写下了5万字的《锦绣水富》。2009年，水富举办第一届政府文艺奖，评出文学和艺术作品一等奖各一名，二等奖各

二名，三等奖各三名，入围奖各十名。这是昭通市县区首家举办的政府文艺奖，在全市产生了很好的影响。2013年初，第二届政府文艺奖如期举办。2014年，水富县文联和中国平安保险公司昭通中心支公司，举办了"平安·金沙江文学奖"，来自北京的著名作家、《小说选刊》编辑付秀莹女士获得了《名家》专栏文学奖……付秀莹女士来水富领奖，对水富赞赏有加。

小县城，大手笔。2014年1月，云南·水富首届"云五液杯"北大门文学奖，以她曼妙的身姿，款款地向我们走来。群英荟萃，各领风骚。诗情画意，诗意栖居。著名作家、诗人、编辑潘灵、付秀莹、雷平阳、胡性能、李开义、韩旭、吕亚平组成的评委会来水富了，还特别邀请了著名作家、中国作协会员、昭通市委书记刘建华做评委会总顾问。他们中有鲁迅文学奖、全国少数民族骏马奖、《人民文学》年度诗歌奖、《十月》文学奖、冰心散文奖、全军优秀文艺作品奖获得者。鲁迅文学奖获得者夏天敏，首届人民文学新

文学艺术面对面

第一届云南水富"云五液杯"北大门文学奖获奖作家们喜获藏酒

人奖王单单等全国各地的一大批著名作家、诗人纷纷投稿参赛，水富作者也积极投入这项征文活动中。经过严格的初评与终审，在1400多篇优秀作品中，来自云南镇雄县的80后年轻诗人王单单凭借其作品摘得本届文学奖大奖。江西诗人王立云的《我们水富》、四川著名作家杨献平的《向上的拉萨》、云南作家夏天敏的《石雕之殇》、云南著名作家包倬的《命命》分别获得本届文学奖诗歌奖、散文奖、中篇小说奖、短篇小说奖。潘灵、胡性能、雷平阳、李开义、韩旭、吕亚平分别为获奖作品宣读授奖辞。云南省委原常委、宣传部部长，省人大常委会原常务副主任晏友琼，省发改委巡视员刁殿伟，原省文化厅副厅长、省文联主席黄玲，市委常委、宣传部部长卢云峰，市文体局局长施华滟，县委书记薛桂强，县委副书记、县长高绍周，水富古渡酒业有限公司董事长黄明才出席了颁奖典礼并为获奖作者颁奖。每个获奖者还获得一坛封藏的美酒——云五液，各持一把钥匙，10年后再来亲自开封。这是冬天里的一次盛宴，这是寒冬里的温暖，无与伦比的灿烂阳光。这是连绵大山峡谷孕育出的大气恢宏，这是金沙碧水净化出的安谧纯粹，这是"云五液"酿造出的古渡情怀与悠远醇香，这是水富县委、县政府为更好地坚持社会主义先进文化前进方向，发现和扶植优秀作家，奖励精品力作，为建设和谐文化、构建和谐社会，努力提升云南北

大门良好形象而主办的，面向全国征稿的大型文学征文活动中最精彩的一笔。

金沙水拍，浪里淘金；笔上生花，唱响水富。2014年开展楼子口牌匾楹联征稿，共收到来自澳大利亚，及中国北京、天津、河南、河北、吉林、江西、江苏、湖南、安徽、贵州、辽宁、甘肃、广东、云南等15个省（市）的51位楹联爱好者的投稿，其中牌匾79件、楹联213副。获奖作品由著名书法家李代煊、黄世湘于2015年书写悬挂在古渡楼子口，同年面向全国征集《水富赋》，一等奖作品石刻于玛瑙森林公园大门右侧；2016年面向全国征集玛瑙森林公园路名、亭名、楹联，至5月，共收到来自全国各地393人（次）投稿，作品累计超过1000余条（副）。评委会按照评选办法，经过初评、复评、终评三轮认真评审，评选出入围及选用路名作品15个、亭名作品21个、楹联作品21副，获奖亭名及楹联由水富本土书法家题写，木刻悬挂于公园各亭廊之中。由著名书法家

港口广场著名作家雷平阳的诗歌脍炙人口

著名书法家陈孝宁书写的《金江奇石赋》,镌刻在玛瑙森林公园大门左侧石壁上

陈孝宁题写"玛瑙森林公园"六个大字悬挂在玛瑙森林公园正门上方,题写《金江奇石赋》石刻于正门左侧。李代煊在龙顶题写:十里画廊。2016年著名作家曾令云老师为水富量身定做的长篇小说《相约水富》出版发行。昭通书画研究院院长陈孝宁老师说:水富不仅人杰地灵,还应该"文杰地灵"。2017年,云南·水富第二届"云五液杯"北大门文学奖,以强大的声势在全国各大网站面向全国征集贴近群众、体现时代精神、正能量充沛、思想性艺术性俱佳的中篇小说、短篇小说、散文和诗歌作品,以反映水富的历史文化、自然风光、人文风情、经济社会发展等。国内著名作家、报纸副刊编辑们将关注的目光投向水富,近百人"相约水富"采风,水富的山水与人文、经济与社会为编辑和作家们积累了创作素材,激发出的创作灵感源源不断。他们纷纷从不同角度,用各种文学体裁,用意味无穷的文字,撰写出自己的所见所闻、所思所想,并在各种媒体上发表。

　　文学与艺术相辅相成,每一次盛宴都留存记忆,每一次行走都让人心动。水富精心准备的一场又一场饕餮大餐,向八方来客充分展示了水富"水文化"深厚的底蕴和无限的魅力。著名艺术家刀美兰、付笛声、任静、孙楠、刘和刚、祖海、毛宁、殷秀梅、郭峰、容中尔甲、孙悦、亚东、李湘、梁雁翎、中国力量组合来到水富,他们优美的歌声在水富萦回不衰,著名曲艺演员冯巩、牛群、大兵、赵卫国的幽默与笑声留在了水富人的心里,全国著名词曲作家车行、李昕创作了《水富一方》,优美的旋律余韵悠然……还有盛大喜庆的中国昆明国际文化旅游节昭通(水富)分会场开幕式;场面壮观的建县25周年花车巡游展演,25辆彩车在手持花环、鲜花、彩旗、彩球的12个游行方队与彩龙、彩狮队的簇拥下,沿县城主干道一路精彩表演;热情奔放"北大门之夜"庆祝建县三十周年广场篝火狂欢活动;明星阵容强大的"畅想水富"大型文艺

演出；连续几届的中国金沙江奇石博览会、国际半程马拉松赛；图说水富建县三十五周年成就的摄影展；充分展示昭通书法魅力的昭通新长征书法展；巧夺天工的金沙绣艺展；欢乐无限的邵女坪狂欢节，以及"对内扩大写作队伍阵容和提高作品质量，对外搭建沟通渠道和平台，承载传播地方品牌使命"的水富《北大门》文学季刊及《水富》报……

时光向前，流水不腐。著名诗人于坚如是说："文化，以文化之。文，将形而下的肉身引向形而上的精神领域。生命乃一黑暗之身，文化就是文身，去除无意义之黑暗对生命的遮蔽，立心，赋予存在意义。文化世界，谓之文明。"水富，山水的执着，山水的柔情，山水的坚韧，隐藏着无限的文明密码。当把水富远远地抛在身后，心却还留在那里，留在碧波荡漾的金沙江边张望，留在玛瑙森林公园的龙顶张望，留在西部大峡谷的温泉水里张望，留在奇石一

著名书法家李代煊为玛瑙森林公园龙顶题字：十里画廊

玛瑙森林公园大门右侧石壁上的《水富赋》

条街里张望，留在柔柔的微风与浪漫的月色下张望……张望水富最深层的文化与文明。夏羽的诗歌"这宝石让人双膝发软的蓝／这湖光里沉浸的天荒地老／有谁还能兑现昔日的一往情深……我怎么舍得离去，你留我／水里的云朵留我留我做你／骨酥魂荡忠贞不贰的情郎"就是诗人对水富一见钟情、一往情深，最深情的表白。而还有更多的人"我已不思归，愿做水富人"。在这里，这水富，和小城一道走进历史，然后被人记住，或者忘记……

金江奇石：鬼斧神工话春秋

> 使人生圆滑进行的微妙要素，莫如"渐"。花朵儿渐渐枯萎，女孩儿渐渐长大，心情渐渐淡泊，时光悄悄飞逝，唯有石头从远古走来，不为造物所欺，收缩无限的时间与空间于方寸，写意出无限的深情与至理……以自己的方式，与水交流，与水抚摩，与水砥砺，不言不语，悄然继续着一种大成。

著名书法家陈孝宁书写的《金江奇石赋》

金沙江的石头，坚硬而唯一，躺在河床、河谷、河底，看着就像一种静止的迷恋。事实上，自金沙江存在以来，它们就任那一江奔流不息的江水冲刷，尤其是在盛夏初秋的洪水之中，我们无法看见它们在水中的动态，无法感受到它们的挣扎，无法懂得它们是享受还是痛苦，只着迷于它们的美丽，只是敬畏世界美如斯。

三十多年前我的父亲陈殿光先生就是一个痴迷于书法、篆刻，痴迷于金沙江拣石的人，那些千奇百怪的石头不断地在我生命中掠过，有时候是一条"龙"，有时候是一个"人"字，有时候是一棵"树"，有时候是一朵"花"，有时候是一首"诗"……只是那时的我不懂父亲、不懂石头，更不懂得自然早已赋予石头以丰富的艺术生命，更没有料到水富在2011年能够获得"中国观赏石之乡"称号。而在1998年的某一天，昭通著名书画家陈孝宁先生饱含激情地写下了一首《金江奇石赋》："在地老天荒的江滩，我倾听你。在激流喷雪的水湾，我端详你。混沌中孕育的胎息还依稀可闻，像婴儿摇鼓的心跳，传达远古的回音。盘古的斧，挥落漫天的流星如雨，天地初分兮，石啊，你就拥抱着这悸动的大地。宇宙无

① 北大门公园的"梦"石
② 鬼斧神工的金沙江江底石

言,你用自己的整个生命来记载历史。经历了创世洪水的洗礼,目睹了羿射燃火的九日,沉默的身躯,承受着恐龙肆虐的足迹。燧人氏未用你去取火,女娲氏未用你去补天,精卫未用你去填海,大禹未用你去筑堤。岁月如水,只有金江触摸你以如浪的手指。喷涌的岩浆,凝结成不死的块垒;

南红玉藏石：深山访友

燃烧的激情，冷却为无语的沙砾。刻骨的情，铭心的爱，都无人知晓，一睡就睡过了多少白云苍狗的世纪。揉一下眼醒来，秦皇已死，汉武已逝，唐宗宋祖尽为陈迹，大漠孤烟，成吉思汗的陵上芳草萋萋。一梦成千古，梦里难觅啼血的杜宇，梦里消逝了诸葛的马蹄，千秋帝业，万寿无疆，终成虚幻，还熬不过你，一颗小小的顽石。地球有多老，你就有多老，任何一颗石头，都超过人类所有最古老的记忆。轻轻地摩挲你，石啊，你让我懂得了，什么是永恒，什么是奇迹。"就是专为水富卓尔不群、尽显本质的奇石文化，最深情的吟咏与赞叹。

奇石藏雅居，方寸大世界。江水、山峦、渔舟、雾霭、云彩、日出、月圆、智者……水富人对石头的喜爱与赏玩，原来从20世纪70年代就已开始，到90年代成为时尚潮流，玩石者多达数千人之众，背着背篼的拣石者是金沙江长长的河滩上一道独特的风景。这是一支庞大的队伍，一个个个体的人在苍茫的天空下渺如蝼蚁，他们走走停停，睁大着一双发现的眼睛，搜寻、翻检、冲刷、比较……在不停的寻觅中，获得一种现场式的喜悦、爱慕、感动、震撼、觉悟……甚至一些人陷入迷狂。石头，精美的石头，会唱歌的石头，就像一味迷药，或迷恋于它的魅力，或迷恋于它的价值。乐此不疲，相互交流。由此，水富奇石城应运而生，奇石文化产业应运而生，奇石馆与藏石家庭1000余户。每一个馆主都收藏奇石数千，奇石经营店铺近百家，专门从事金沙江观赏石勘察、开采、运输、包装的人员达5600余人。无论是一个个藏馆，还是个人收藏，其中不乏精品、珍品、极品。从四川来

奇石城吸引来外国客商

水富的曹老板，在奇石城开有6个门面，60多岁还精神矍铄、行动敏捷。在他的商铺里，除了众多的画面石、南红玛瑙外，56道菜的奇石宴满满地摆了一大桌，令人叹为观止。五花肉、腊猪脚、香肠、猪血旺、茄子、水饺、汤圆等等，不仅形似，还神似，无论是色彩还是外形都能以假乱真，让人垂涎，口舌生津。若不是近看，拿到手上沉甸甸的，还真不敢相信它们都是石头，看了后还真的有点担心，万一谁不小心误将这些石头放进嘴里，发出那咯嘣咯嘣的声音！

坐拥山水，卧游天下。只要文明崛起，存在就会被命名，再次命名或以诗歌之。仅2010年，水富就有70人的藏石收录进《中华奇石·增刊》一书，中国收藏家协会会长闫振堂先生为水富金沙江奇石题词：博览奇石精品，弘扬中国文化。良鸿石斋斋主秦锡良的镇馆之宝，在彩云下翩翩起舞者幻化为杨丽萍的《云南映象》……他的藏石《憩息》："大雕憩态寻觅猎，恨天吞月任我行。大展羽翼风逊色，飞向蓝天百鸟惊。"气势逼人。《孤峰问秋》："秋色染山黄，孤峰指上苍。问今何季节，哪里更花香。"意蕴深刻。良友奇石坊的藏石《湖上飞花》写意出"开门春暮。新绿迷云树。一片飞花，绾住游丝舞。东方妒。等闲吹去。散乱随红雨。"的古意。汪鑫奇石馆馆主汪必朝的藏石《太极》充满了"道生一，一生二，二生三，三生万物，万物负阴而抱阳。中气以为和"的禅意。英华奇石斋斋主龚胜英、梁复华伉俪的藏石《福娃》恰是一种悟道："似哭非哭，不在意料。佛曰禅定，人见浮躁。境界高低，智慧之妙。"耀华奇石轩轩主卓维华的藏石《苏堤春晓》道尽了"杨柳满长堤，花明路不迷。画船人未起，侧枕听莺啼"的美好。90多岁的任凯文老先生为其题诗云："耀眼精英举世稀，华光放射璞归真。奇珍恒出金沙水，石韵天成藏雅居。"水富藏者的奇石，每一枚石头都流动着无限的气韵，暗藏着领悟、感悟、醒悟、独悟、渐悟、参悟、顿悟、觉悟、大彻大悟……有的被收录于《中华古今奇石大观》中，有的被刊载上《中国名家藏石大观》，有的在《中国长江奇石精品大典》上亮相，有的跻身于《世界奇石收藏》，有的在全国国际性奇石大展中获奖……

江底奇石，天下大观，鬼斧神工，惊世骇俗。2009年，向家坝水电站工程建设的主战场开始转移到右岸主河床的"二期基坑开挖"上，随着挖掘机、铲车的深入开挖，一个个奇形怪状、千姿百态，被水流冲刷打磨得光滑滑的巨型石头露了出来，数量众多，

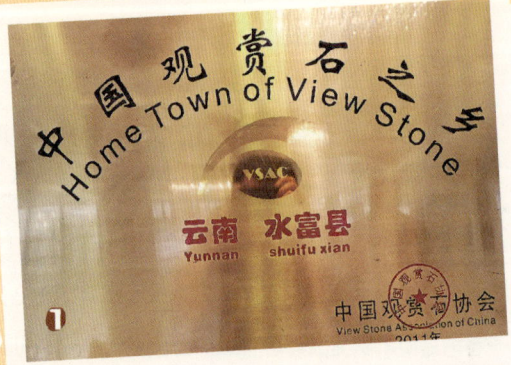

② 石头宴

大大小小，造型各异，千姿百态。有的像中生代时期庞大的恐龙，有的像写满历史沧桑的古镜，有的像在江底沉睡万年的兵马俑，有的像驻足深思的哲人，有的像昂首奔腾的骏马……若是水富由此而建立一个金沙江底千古奇石展馆，整体性地留住这极好的珍贵地质资源，那是多么美妙的胜景与巨大的精神、物质财富，不知要吸引多少人摩肩接踵地前来观赏。只可惜为了保护这大自然馈赠的珍贵资源，从2009年5月12日至6月

① 荣获中国观赏石之乡的美誉
② 石头宴

水富名石：云南映象

9日，向家坝工程建设部组织相关单位把江底奇石转运至向家坝施工区左岸新田湾渣场存放。为方便管理，防止奇石流失，对转运的石头按照大小进行了分类编号，并拍照存档。之后，向家坝工程建设部陆续收到国家相关部委、工程建设所在地地方政府、相关部门和一些建设协作单位提出的用石要求。建设部专题研究二期江底石的分配问题，提出分配计划，江底石陆续被分散到各地供展览、观赏。至此，水富的普通人早已不知这些江底千年之石，这些印记着金沙江峡谷从古至今文明演进的五线七彩与幽秘的奇石，失散何处，花落谁家了，这不能不说是水富的遗憾……"菩提本无树，明镜亦非台。本来无一物，何处惹尘埃。"

藏石更觉山河美，赏石方知天地宽。庆幸的是水富因势利导，依旧将奇石文化作为水富文化名片之一打造，以石为媒介"扩展一方经济"，使之成为水富文化领域的一朵奇葩，展示出卓越的风采。成立了水富县观赏石协会和水富县观赏石开发与保护促进会，

协会组织会员参加全国暨国际石展，捧回金奖30枚、银奖45枚、铜奖89枚、优秀奖65枚。2010年10月和2011年5月，成功举办了"水富国际金沙江赏石文化旅游博览会"和"首届金沙江赏石文化交流会"两次大型展会，对金沙江观赏石进行大力推介，先后共吸引了全国550余家商户和4000余名观赏石爱好者参展，近10万人参观。2011年，摘得"中国观赏石之乡"桂冠，成为云南省第一家、西南地区第二家获此称号的县（市）。水富在AAAA旅游区"西部大峡谷温泉"外围坝尾槽生活区，全面启动建设了"奇石一条街"，成为中国西南片区的观赏石集散地。一间间店铺琳琅满目，一个个石头栩栩如生。水富以其得天独厚的观赏石资源和良好的生态旅游环境，以及石文化的发展与普及等方面的出色成绩，以"画面石名城"而享誉中外，以植根于"关怀心灵，和合众生"的东方传统文化沃土，归属于"借物言志，抒情逸兴"的水墨写意精神源流，终极与"花枝春满，天心月圆"的美学价值目标追求，以"极小之物象形式，表现愈多之精神意境，堪为人之精神藏游之所"的艺术风格，赢得石界的认知和推崇，吸引了一批批海内外石友、玩家、石商前来水富考察、赏石、购石和观光。尤其是被文人墨客视为阅世观照、内在自省的文化符号而反复解读和诠释，潘灵、夏天敏、曾令云、陈孝宁、吕亚平、吕翼等云南著名作家、编辑、书画家纷至沓来……

2012年6月，中国金沙江奇石艺术博览会落户水富。珠宝玉器、陶瓷茶具、雕件、民间工艺和古玩字画展厅99个，2046平方米，奇石展位157个，1413平方米，精品区1个，570平方米，参展精品奇石近万枚，赌石区1个，353平方米，共有全国298家客商入驻博览会。仅开幕式的第三天，参观人数即突破10万人次，交易额达到了2000多万元。2016年9月28日上午，水富第五届中国金沙江奇石艺术博览会在西部大峡谷温泉奇石城以民族歌舞、杂技魔术节目浓墨重彩地开幕，50枚奇石分获金、银、铜奖。奇石一条街人潮涌动，奇石、南红玛瑙、玉石、雕刻雕塑、编制刺绣、陶瓷茶具、古玩字画、民族民间工艺、文化旅游商品、名特药及特产等独树一帜，目不暇接。尤其是百八十种

金江画面石通过互联网的传播,以其体态端庄、肌肤光润、色调沉稳、对比强烈的视觉形式,以出神入化、亦幻亦真、是似非似、天工巧成的画面构图,以诗情充盈、画意满溢、意蕴深邃、趣味隽永的赏读内涵走向了世界。这正好应了作家吕翼之语:河流富了水富,石头贵了水富!

磅礴乌蒙,神奇水富。"一粒沙里看出世界,一朵野花里见天国,在你掌里盛住无限,一时间里便是永劫。"集天地灵气,采日月精华。采石得其趣,赏石知其美,品石知其性,藏石养人心。一景一首诗,一石一天地。春去秋来,时光无痕,江水永在,奇石不朽。

寻找奇石

为爱奔跑:王者风范竞风流

> 生命有长短,路途有远近,世上的壮举,往往就是那些把不可能变成可能的"傻人"们来完成的。马拉松是一项有魅力的运动。它包含了一切——戏剧成分,竞争,友情,英雄主义。如果你渴望赢得什么,如果你想去经历些什么,来水富跑马拉松吧!去很好地享受从背后超越对手,或者把对手远远甩在后面的感觉,去体验一种在逆境中永不言败的王者气质。

第一次获得金牌赛事奖牌

Patti Sue Plummer 说:发令枪一响,世界变了,一切烦恼烟消云散。

2017年3月20日晚9时,一条消息在微信朋友圈迅速刷屏:在上海结束的中国马拉松年度盛典上,2016年的万里长江第一跑——云南·水富国际半程马拉松脱颖而出,与北京马拉松、厦门马拉松等另外23个全国著名马拉松赛事一起被中国田径协会授予"金牌赛事"称号。此次盛典获得中国田径协会银牌赛事的有19个、铜牌赛事的有48个。同时,全国有10个赛事获得国际田联标牌赛事称号。水富成为唯一获此殊荣的县级城市。

把思绪定格到2013年水富半程马拉松赛的诞生,定格到9月25日的盛大赛事,"万里长江第一跑"——"西部大峡谷杯"2013云南·水富半程马拉松赛,在水富城区北大门公园门口鸣枪开赛。男女半程马拉松(21.0975公里),男女10公里和大众健身跑4公里三个项目备受瞩目,点燃了万名跑者无尽的热情,摩拳擦掌、争先恐后汇入了长江大道。尤其

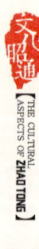

是9000多人的4公里健身跑蔚为壮观，各行各业、男女老少如金沙江水一样浩浩汤汤地奔涌……当赛事尘埃落定，来自埃塞俄比亚的FIKADU将男子半程马拉松金牌收入囊中，水富本土选手朱仁学斩获银牌，铜牌被厄立特里亚选手摘得。女子半程马拉松赛刮起了云南旋风，省体工队的付廷连加冕桂冠，昭通选手郑文荣、昆明选手早有丽分获银牌和铜牌，来自中国跑吧的业余选手李少壮获得男子10公里第二名的好成绩。

不是每个跑者成为冠军的梦想都可以成真，但是每一个人都可以梦想去完成一次马拉松比赛。每个跑者都可以用自己的步伐、用自己的第三只眼睛，捕捉每一个让人心跳而又难忘的瞬间，用自己的故事，为了忘却的纪念……

逶迤的群山静卧在天边，蓝色的天幕彩云朵朵，碧绿的金沙江水悄悄流淌，奔跑的马拉松爱上了浪漫的水富。传递人间大爱，成为水

马拉松比赛开幕式

富半程马拉松赛不变的主题！2013年首届水马赛开赛；2014年水富为鲁甸地震恢复重建家园加油，以"为爱奔跑·重建家园"为主题，再次成功举办，获得好评，被中国田径协会授予中国马拉松"铜牌赛事"称号；2015年以"为爱奔跑·消除贫困"为主题，庄严宣誓了脱贫攻坚的决心，获得中国田径协会授予中国马拉松"银牌赛事"称号。2016年、2017年水马赛则分别以"为爱奔跑·生命接力""为爱奔跑·不忘初心"为主题，凭借赛道优美、组织周密、服务到位等良好表现，连续两届被授予中国马拉松"金牌赛事"称号。

2016年10月15日，一场秉承公益、慈善，以人为本，绿色环保为总基调，一场以"为爱奔跑·生命接力"为主题，一场融入"人道、博爱、奉献"的红十字精神元素，倡导健康文明的生活方式，以提高全社会对无偿献血、造血干细胞和人体器官捐献工作的关注度和参与率，鼓励更多符合条件的公民"无偿捐献、无上光荣"的云南·水富国际半程马拉松赛，在国家体育总局田径管理中心马拉松办公室水涛主任"堪称完美"的赞叹中，在许许多多人的期待与参与中，再一次梦想成真。赛事由中国红十字会名誉主办，中国田径协会、中国人体器官捐献管理中心、云南省体育局、云南省红十字会、昭通市人民政府主办，水富县人民政府和昭通市文化体育局承办，昭通市交通建设投资开发集团有限责任公司冠名赞助。云南省人大常委会原副主任梁公卿宣布开赛，昭通市政府副市长杨桂红致辞，中共水富县委书记薛桂强主持起跑仪式。来自美国、英国、俄罗斯、蒙古、印度、埃塞俄比亚、肯尼亚、乌干达等25个国家的60余名外籍运动员与国内逾万名运动员齐聚水富，万人竞跑，万人助阵，场面恢宏，活力迸发，整个水富仿佛都在奔跑、在跃动……

一场为爱奔跑的"水马赛"，无数的奔跑者穿行在城市和森林间……是磨炼，也是享受，是不懈的坚持，更是骄傲与自豪，见证了胜利者饮尽一路的孤独与痛苦，见证了奔跑者一路的拼搏与顽强，见证了水富及各地跑吧协会激情四射、活泼俏皮的身影，见证了雷森堡和杨潇因比赛而相识、相爱的浪漫爱情，见证了一本奇书、一幅好画的赠予过程……

这是浪漫水富一个真实美好的故事。这是泸州男孩雷森堡和泸州女孩杨潇在"水马赛"上令人心跳的爱情故事。这是一个因爱相约相赠一本书、一幅画的故事。退伍军人雷森堡在自己的家乡开了一家西餐厅；毕业于川大外语系的杨潇就职于泸州邮政储蓄银行，近在咫尺却并不认识的两人，却因为准备参加"水马赛"进行赛前跑步锻炼，而相遇、相识、相知、相恋。2015年他俩共同奔赴水富参加第三届"水马赛"，决定以半程马拉松这样宏大的场面作为订婚的见证，并立下誓言：只要跑得动，每届都力争参加，以激励自己、磨炼意志。昭通著名作家曾令云老师、著名书画家陈孝宁老师偶然与之邂逅，被两个年轻人真挚的爱情深深地打动，当即

表示如果他俩赶在第四届赛事时结婚，曾令云老师一定送一本书、陈孝宁老师一定送一幅画作为结婚礼物。随后曾令云老师以《相约水富》为题目，撰写了5000余字的散文，谈及因水富马拉松比赛而相约水富的所见所闻所感。2016年的"水马赛"上，几经周折，多方寻找，两位老人信守承诺，曾令云老师如约将刚刚出版的长篇小说《相约水富》赠予他们并送上美好的祝福，陈孝宁老师则以一幅"幽兰"赠予已经正式确定年底结婚的雷森堡和杨潇。在水富的邀请下，又以《相约水富》为书名，通过不到一年的时间，撰写了共50多万字的长篇小

争先恐后

万人齐聚

让爱心传递

说《相约水富》。作品以19世纪末到整个20世纪的中国极具动荡的年代为背景,描绘了生活在川滇黔接合部的昭通盐津、水富一带的几家人,在时代浪潮的裹挟和冲击下的命运浮沉、悲欢离合及爱恨情仇,表现了社会的变革、历史的变迁对人的性格和命运的巨大影响,展现了一幅幅民俗风情的鲜活画卷,塑造了一个个栩栩如生、呼之欲出的人物形象。中国文联副主席、中国作协名誉副主席、云南省委原副书记丹增和原昭通市委书记范华平为《相约水富》作序。昭通原市委书记、省人大常委会原常务副主任杨应楠出席《相约水富》首发式。在首发式上,杨应楠对曾令云老师为昭通文学艺术发展做出的贡献给

最后的冲刺

予了高度评价。《相约水富》因"水马赛"而生，因"水马赛"而出，一场比赛约定一部书，一部书书写了水富的世事变迁、发展脉络、人文精神，这是一份珍贵的文化大礼。

2016年10月15日晚，作为"水马赛"主题活动之一，由中国人体器官捐献管理中心、云南省红十字会主办，水富县人民政府和昭通红十字会具体承办的"讲生命延续的故事"专题文艺晚会感人至深。时常在多种矛盾交织、多种心情折磨的环境下工作的协调员让人动容，那些失去了亲人却忍痛捐献器官的事迹让人深深感动。一个个故事、一份份真情深深打动了在场的近万名观众。参加晚会的近万名观众，在优秀青年演员、器官捐献爱心大使孙晨的倡议下举起了右手，严肃而庄重地宣誓，愿意捐献自己的器官。这不是一般意义上的宣誓，这是生命的礼赞、生命的延续、神圣的誓言，是"人道、博爱、奉献"的红十字会精神，在水富撒下了"捐献器官，人间大爱"的种子。注定了云南·水富国际半程马拉松脱颖而出，注定了在2016年中国田径协会注册并举办的328场马拉松中跻身"金牌赛事"。

"为爱奔跑·生命接力""为爱奔跑·不忘初心"。大爱的种子在水富这块热土生根发芽、开花结果。如果你渴望赢得什么，如果你想去经历些什么，就去跑马拉松吧！去很好地享受从背后超越对手，或者把对手远远甩在后面的感觉，去体验一种在逆境中永不言败的王者气质。当疼痛超过了身体感觉的临界点，就不会更痛了。终点线只是一个记号而已，其实并没有什么意义，关键是这一路你是如何跑的，这一路你是如何去享受一场不变的执爱的。

2017年9月24日，由中国田径协会、云南省体育局、昭通市人民政府主办，水富县人民政府和昭通市文化体育局承办、赛事规模为16000人的"万里长江第一跑——云南·水富国际半程马拉松"在金色九月、丹桂飘香的日子里，国内外运动员相约赛场，或与4000男、女一同奔跑21.0975公里，或与11800人一起奔跑4公里迷你马拉松，或偕同情侣与99对情侣一起奔跑2.5公里。人们继续在不停歇的脚步声里前进，成就一段属于自己的岁月，一条自己去把握的旅程，一个自己要克服困难、忍受痛苦的爱的奔跑，一个自己要激励自己、可以自豪地回顾的生命的接力。2017年之后，一起努力！一起加油！又展王者风范，再竞无限风流！

千古传奇：湖山明镜半月湾

> 坐落在湖山明镜宛若半个月亮的小岛上，恰似一位妙龄的女子，以阳光、青春、朝气、明净、昂扬的姿态立在眼前……却都是水做的骨肉，都拥有水的情怀，让人喜爱她的每个细节，痴迷于她的每个细节，似乎只有《诗经》"有美一人，清扬婉兮。邂逅相遇，适我愿兮……"才能最真切地表达。

"高峡出平湖……当惊世界殊！"当宏伟的向家坝水电站开始蓄水，激越奔腾的金沙江便永久地成了记忆，美丽的新寿打鱼村便沉入水底，永久地成了记忆。距离水富以西10余公里处，一座崭新的精品旅游风情小镇——邵女坪便仪态万千、柔情热烈地展现在宛若半个月亮的小岛上。

邵女坪，背山面湖。一个恬静温婉的滨湖小镇。青山相依，绿水拥抱，在春阳里沐浴，在白云下荡漾，在云雾里眺望，在烟尘中冥想……无论是湖边小坐，还是月夜露营，沏一杯清茶，看看书；喝一杯红酒，说说话。或者赤脚走在金色的沙滩上，踩进凉悠悠的湖水里，或者什么也不做，只是静静地倾听着柔曼的音乐，呼吸着清爽的空气，享受这不一样的慢时光……

一个拥有天然浴场的湖滨小镇。风光旖旎情悠远，椰风碧浪惹人醉。天空蔚蓝，纤云不染，远山含黛，和风送暖。湖水一浪一浪地往上涌，耳旁萦回着优雅的涛声和欢快的笑声，抑或一两声清脆的尖叫，感受到不一样的三亚风情，天涯海角似乎没有想象的那么远，而是近在咫尺：阳光、绿草、金沙、椰树、碧浪、游船……恍

惚中也去了一回。而最吸引人的是那些在湖水里游动的鲜活的生命，像一条条自由自在、快快乐乐的鱼。

一个舒适怡然的滨湖小镇。有半月湾酒店，集餐饮、会议、商务、娱乐于一体的奢华与实用，更有如蒲公英客栈那样休闲、个性化的民宿客栈。一个小小的秀美的院落，背依小镇，面朝平湖，四处栽着花花草草与多肉植物，每个房间都以植物命名，全实木家具，布置典雅，处处体现乡村情怀，并提供DIY厨房，一个人或一家三口或情侣，均可自己购买食材过居家生活。还可去养兔场观光，使用养殖并独创烹饪"大伯娘"冷吃兔的主人提供的食材自己动手、自由搭配，享受宾至如归的家居感觉。若是不想自己动手，去客栈水吧品尝价格实惠的水富家常菜，伴着轻音乐来杯清茶或啤酒，也是别有另一

人与自然和谐共处

番情趣……也可人约黄昏，去湖边木质小别墅住上一宿，品尝原生态的小河虾、麦粑……看日出日落，月上树梢。这一刻，似乎只有一湾的碧水能懂暗生的情愫，似乎只有火辣香浓的"云五液"能懂暗生的情愫。

一个如梦如幻、柔情似水的湖滨小镇。或许你会幸福地邂逅一场心灵的瑜伽，感受一种健康的生活哲学，听潺潺的流水声，闻淡淡的兰花香。置身于一幅巨大的山水画间，与一群白衣红裤、衣袂飘飘的女子，在清新的空气里，从足底一直到头顶，慢慢放松身体，平稳地呼吸，慢慢把自己与大自然融为一体。摆脱仅对自己身体的觉知，转向身体的宇宙，转向对灵魂的意识，而飘飘若定若仙……

一个欢乐无比、激情四射的湖滨小镇。"山上有果，镇里有

美不胜收的滨湖旅游小镇

花,湖边有景",游客接待中心的服务任你尽情享受,水上娱乐、沙滩运动、篝火狂欢、儿童游乐场、怀旧沙滩、大型游泳池、休闲观景台等综合性娱乐项目是休闲度假的最佳选择。最美四月天,闷了、累了、苦了,来邵女坪狂欢三天,品味人文邵女坪、长街美食宴。喜静的人,去游赏邵女坪金沙江流域兰花展、书画摄影展、旅游商品展、观光生态农业……好热闹的人,去感受邵女坪湖滨狂欢节开幕式精彩文艺表演的火热,与上万名游客一起体验抹泥巴的火爆与狂野,打水仗的趣味与疯狂,大众野渡邀请赛的搏击与挑战,彩跑活动的绚丽与奔放,垂钓的宁静与闲适,水上摩托艇、拖翼伞的惊险与刺激,篝火晚会的激越与狂欢,化装舞会的神秘与魅惑……酣畅淋漓地享受轻松与激情、快乐和幸福。说不准还撞个桃花运,碰巧就遭遇一场动人心魂的爱情，留下一段美丽的佳话。

❶ 吃货的美食："长街宴"
❷ 疯狂"抹泥巴"

邵女坪，一个 2012 年作为水富向家坝电站建设后的移民安置点，共建有 310 幢移民安置房，移民全部搬入新居，各项基础设施建设相应配套。水富基于库区移民安置点既要解决移民的居住问题，又要考虑其产业发展和就业问题这一现实，按照"最具特色的国际休闲度假中心、最具特色的社会主义新农村示范点、最具特色的旅游小集镇、最具特色的移民安置示范区"四个目标，整个规划设计遵循高起点、成规模、大力度的开发模式，规划用地面积约一万亩，由移民安

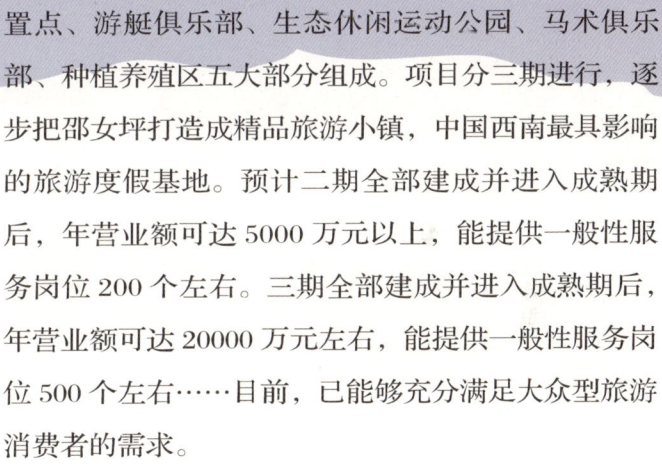

置点、游艇俱乐部、生态休闲运动公园、马术俱乐部、种植养殖区五大部分组成。项目分三期进行,逐步把邵女坪打造成精品旅游小镇,中国西南最具影响的旅游度假基地。预计二期全部建成并进入成熟期后,年营业额可达 5000 万元以上,能提供一般性服务岗位 200 个左右。三期全部建成并进入成熟期后,年营业额可达 20000 万元左右,能提供一般性服务岗位 500 个左右……目前,已能够充分满足大众型旅游消费者的需求。

2016 年五一节,以"妙曼邵女坪·花香移民园"为主题举办的云南北大门·邵女坪狂欢节,吸引了省内外 6.6 万名游客前来游玩,自驾车达到 1 万余辆。美食"长街宴",吃货的春天不长胖、不长壮。万人狂欢,"抹你一身泥,你还哈哈笑!""泼你一身水,你还笑哈哈!"却是童年的味道、泥土的味道,家乡的味道。在"你是我的小呀小苹果,怎么爱你都不嫌多……"的音乐伴奏下,邵女坪广场内的人们开始向

相互认识的人身上抹泥巴。"抹你一脸,幸福永远;抹你一身,幸福一生!"在一男三女四名帅气、漂亮主持人的吆喝和鼓励下,场中间的人们慢慢地变成了一个个泥人雕塑,根本分不清谁是谁了,索性就不分了,见人就抹。大人抹小孩儿,小孩子抹大人;男人抹女人,女人抹男人……笑声、尖叫声、欢呼声一浪高过一浪……

2017年4月29日至30日,在第三届邵女坪湖滨狂欢节开幕式上,热情桑巴、非洲手鼓火辣十足地欢迎你,抛弃烦恼,回归自然,释放天性,尽享清凉,疯狂"抹泥巴",激情"打水仗","湿"身到底,爱谁泼谁……热情篝火,热情似我,熊熊的火光照耀着黑暗的广场,唱亮青春的歌谣……放逐心灵到蓝天碧水的邵女坪半月弯,"嗨嗨嗨""爽爽爽""吃吃吃",趣味盎然,惬意

自在，虽只是短暂片刻，却是悠然停歇，生命由此更繁盛，更丰盈，更具生机，更有活力……

千古传奇，湖山明镜。意犹未尽，我心悠游。实在不知如何表达，或许不表达就是一种表达。只静静地坐在青青的草地上，静静地坐在柔软的沙滩上，静静地坐在光洁的小小的鹅卵石上，静静地欣赏清澈的湖水碧波荡漾，静静地欣赏人与自然和谐共处，红嘴鸥自由嬉戏、欢乐飞翔，静静地坐在来来回回的渡船上，静静地欣赏邵女坪的日出日落、青山花树，一任水与太阳的光芒触摸着我们的脉搏，照彻着我们的心灵，洗涤着我们的灵魂……陈坤演唱的歌曲《月半弯》那磁性而深情的歌声就在心底悠悠地徜徉：我带你去看月半弯／有点害羞却很幸福／这种感觉我很喜欢／让我温柔靠近你身边／你也紧紧陷入我臂弯／感觉爱情悄悄来临／纷纷扰扰与我无关／夜色中两人又渴望／眼神交换／原来恋爱现场感觉／不像想的那样主观／月半弯好浪漫／月光下的你显得特别的好看／月半弯我喜欢／有情有义有你还有天／那夜真的好浪漫／月半弯我喜欢……

❶ 山水如画
❷ 宜居小别墅

木秀成林：花开满枝千里香

> 水富云天化中学，是一所名片式学校：拥有立足滇东北、辐射省内外的知名教育品牌。这是一片丰茂的沃土：木秀成林，花开满枝，任鸟飞翔。这是一片壮观的海洋：广袤壮观，博大深邃，凭鱼腾跃。这是一个奇迹：频出高考状元，高考各项指标常常名列昭通市第一。

觅春色，争飞深绿浅黄；筑新巢，苦衔兰草香泥。品牌学校，大放异彩。

水富因厂而生，云天化中学因厂而成。坐落在水富的大化工企业云南水富云天化集团有限责任公司，是以化肥及现代农业为主业，以玻纤新材料、磷矿采选及磷化工、石油化工、商贸及制造业、服务业、金融业为重要发展方向的国有综合性产业集团。企业秉持"立根大地、志搏云天"的企业精神，是早在1994年就跻身全国500家最佳经济效益企业的国家一级企业。经过40多年的发展，云天化集团总资产超过900亿元，拥有5个中国驰名商标，控股上市公司"云天化"；另有"纽米科技""马龙国华""宏发新材"3家企业在新三板挂牌。2016年，云天化集团名列中国企业500强第233位、中国制造业企业500强第111位。云天化中学成为一所融合五湖四海多元文化的全日制学校，一所具有自身办学特色的企业名片式学校。2016年7月7日，省教育厅正式发文，认定云天化中学为省一级一等完全中学。

步入坐落在水富团结社区的云天化中学，一所按照中国传统文

① 云天化中学全景
② 云天化中学理想广场

化总体设计的完美作品呈现在眼前。白墙灰瓦、高低错落的建筑群由数个大小不同的院落贯通，院落的递进、曲转、套叠充分借助了传统空间类型的演化，体现出东方传统空间的神韵，隐喻着文脉的传承与演变，既有江南园林与民居风格，又有古代书院建筑的特色。圆形的入口暗示着天圆地方、天人合一的古代哲学思想，从中不难看出它的建筑理念，重在体现中国传统文化中的"文"和"雅"，体现云天化中学以环境育人的文化追求。

理想广场是进入学校的第一视觉景观。以"理想"命名，激励前来就读的学子，树立自己远大的理想，发奋读书，将来

迁至高滩的水富县一中

报效国家与民族。宽敞的感恩广场是学校的大型集会场所，每周的升国旗仪式、高三毕业班的成人仪式、一年一度的艺术周活动就在这里举行。以"感恩"命名，时刻警醒师生懂得知恩感恩，胸怀祖国，胸怀民族，饮水思源，爱国爱家。后乐广场是对中国传统文化的传承，取自宋代学者范仲淹脍炙人口的岳阳楼记中的名句"先天下之忧而忧，后天下之乐而乐"。"先忧后乐"成为极具理想主义人格品行的精华，体现了一种以天下为己任的责任感和一种崇高的情操。

离开广场，在清风习习、翠柳摇曳的碑廊漫步，欣赏着古意十足、不同书法风格的碑文，享受着意味无穷的书香、墨香，由衷感怀古代文人墨客的大情怀、大才华……一路体味出云天化中学的文化用心与追求。九思廊，取自《论语》中"君子有九思"，即视思明，听思聪，色思温，貌思恭，言思忠，事思敬，疑思问，忿思难，得思义。走廊主要布置有关人格修养等内容的诗词、格言。潜移默化地向学生传授中国传统文化中人格自身修养自省的要求。文泽楼，泽者，润泽滋养也。楼名匾额"文泽渊厚"集颜真卿墨迹而成，厚重朴茂，敦实稳健，

花样年华

符合该建筑作为学校标志性建筑的整体风格，是一幢两层结构、具备重要教育功能的报告厅，是举办讲座、集会、陶冶情操、滋养性情的公共场所。一楼设160座阶梯教室4间。二楼设500座报告厅2间。全部配备多媒体设备。念稼堂：为三层建筑，2200座餐桌椅保证了学生进餐的需要。"念稼"释义，见《贞观政要·教戒太子诸王》："每一食，便念稼穑之艰难；每一衣，则思纺绩之辛苦。"朱柏庐《治家格言》："一粥一饭，当思来处不易；半丝半缕，恒念物力维艰。"本名亦可作"念家"解，每一饭，当不忘父母辛劳、家庭温馨，更当发奋图强……

步入云天化中学陈列室，一部从初创时期因陋就简的办学条件，到如今书院式校园的幽雅别致；从一个单纯面向企业服务员工子弟的学校，转型为一个严谨规范、面向社会、业已形成自身办学特色的大型寄宿制学校的奋斗史在眼前打开……

20世纪70年代，经毛泽东主席圈阅、周恩来总理批示，从国外引进大型化肥装置、落户于金沙江畔的云南天然气化工厂成立。1976年10月，为解决全国各地的云天化建设者子女的就学问题，云天化建设指挥部子弟学校宣告成立。1978年11月，学校更名为云南天然气化工厂子弟学校。1994年被认定为云南省首批一级完全中学，2011年1月被认定为云南省一级二等完全中学，2016年7月被认定为云南省一级一等完全中学。学校自成立以来，一直坚持全面贯彻党的教育方针，秉承"育人为本　质量立校"的办学理念，坚持"向家长向学生提供优质服务、为社会为高校输送合格人才"的办学方向，始终践行公平教育理念，不分快慢班，因材施教，在行政班的基础上推行导师制、分层模块教学等措施，以此满足不同层次学生发展的需求。用健康的校园文化熏陶学生，面向全体学生，注重学生的全面发展，全面实施素质教育，发展学生社团达55个，学生自管委员会6个，着力提升学生的综合素养，培养学生的领袖素质。近十年来，综合办学水平大大提升，捷报频传，教学成绩始终保持全省前列。1999年刘茜同学和李化同学分别夺得云南省高考理科状元和第二名。2004年林英睿同学夺得云南省高考文科状元。在2007年高考中，王瑾同学获得云南省高考理科最好成绩之一。2010年至2016年，学校连续七年在昭通市保持高考一本、二本等各项指标全市第一，高考成绩名列全省前茅。学校质量管理成果曾获得化工部质量管理金奖，被云南省教育厅评为云南省文明学校。2016年云天化中学高考再次取得优异成绩。全校746名应届学生参加高考，一本上线人数589人，一本上线率78.95%；二本以上上线人数734人，二本上线率98.39%；本科率99.87%；上线率100%；600分以上学生180人。其中，邓智中同学以实考分707分夺得昭通市理科第一名，雷引杰同学以实考分649分夺得昭通市文科第一名。一枝独秀红一点，百花齐放才是春。这些成绩表明云天化中学正一步一步实现其长远的办学战略目标：大面积，高层次，出尖子。

一路历经艰辛，一路勇于探索，不断成长。一个崭新的转折点，云天化中学找准了自己的定位：将现代企业管理思想与现代教育全新理念融合，创立了云天化中学的文化品牌，以文化立校，与现代教育理念中"以人为本""人的关怀，人的发展，人的自由"的思想有机结合。正是这一理念的确立，云天化中学得以爆发出它长远的强劲动力和无限活力，开启了云天化中学办学道路的一马平川。学校成了一所云南省基础教育领域一流的窗口示范学校，一所云南省多样化办学成功典范的学校。现有学生近6200名，其中高中部在校生近3200名。正可谓：满园春色关不住。沧海横流，方显出强者本色。曾经在云天化中学担任副校长10年、校长6年的黄世湘先生用一副对联，书写出了云天化中学的志向、理想和追求，以及他们的感恩，他们美好的未来。那就是：

  云崖接苍茫，巴蜀古滇此际会，金沙朱提，滔滔滚滚，文脉绵远，深心厚泽成沃土；

侪辈怀远志，家国道义独会心，仰观俯察，孜孜矻矻，知行合一，吐纳求索觅津梁。

白墙灰瓦，球场宽阔，桃红蕉绿，蔷薇竞放，朗朗书声，悦人耳目，云天化中学与焕然一新的云南省二级一等完全中学水富县第一中学交相辉映。水富县第一中学始建于1975年10月，2011年8月从水富临江中路（现名长江大道）整体搬到水富县高滩新区，矗立在高滩半山上。占地面积达200多亩，全校师生2000多人。学校新建的教学大楼和综合楼，有设备齐备的理、化、生实验室、微机室和舞蹈室，多媒体教学系统、广播，有整洁、漂亮的学生宿舍、食堂等生活设施。学校长期实行半封闭管理，已形成一套成熟完善、行之有效的管理制度，先后获得教育部贯彻《学校体育工作条例》优秀学校、云南省文明学校、昭通市文明单位、昭通市社会治安综合管理先进单位、市先进学校等荣誉。

《管子·权修》曰："一年之计，莫如树谷；十年之计，莫如树木；终身之计，莫如树人。"好酒不怕巷子深，小城名校诱人来，本土与外地慕名而来的莘莘学子成绩斐然、独领风骚……这正是：抬眼望，深心厚泽成沃土。木成林，花开满枝千里香。水富每一所学校为水富教育付出全部心血的一代又一代教职员工深深地知道，水富的教育历程，只是沧海一粟、浪花一朵。学校不断地兴旺发达，是他们毕生的向往和追求。回眸既往，风雨沧桑。来路曲折蜿蜒，前行起伏跌宕。十年树木，百年树人。路漫漫其修远兮……

远眺县一中全景

第四章

舌尖水富　香风徜徉

　　琼浆玉液，满口香醇。珍馐美食，天赐河鲜。布衣美食，余味悠长。鲜辣火锅，肝胆相照。名特小吃，回味无穷。乡间野趣，故乡味道。水富美食，慰劳自己，有感情，有哲学，更有眼泪和感动。把心事交给舌尖，把灵魂交给味蕾，"料理食物就像料理人生，品尝美食就像品味人生。"

琼浆玉液：诗酒趁年华

> 人间"醉明月"，天上明月醉。在五粮、香曲、酒坛、美酒之间，守着焚烧的火，守着一生一世不可沦丧的品质，感受生活的纯朴和厚实，感叹生命的千山万水。化为水的魂魄，在水的故乡畅游，在酒的故乡畅游，在精神的故乡畅游……

月十五，偶尔也有金黄的圆月悬在水富黛色或湛蓝的天幕。秋夜，头顶稀疏的星星，伫立观景平台眺望，小城像半弯月儿静静地落在水边，明亮又闪烁，它让我的目光久久停留。此刻，渴望一边守着一杯纯粹的"醉明月"或者"云五液"，月下独酌，一边临水坐下来歌吟李白的诗句："花间一壶酒，独酌无相亲。举杯邀明月，对影成三人……"

这是一个人的执着，更是一个人的偏爱。无端地守着，就像守着焚烧的火，守着一生一世不可沦丧的品质，在如此反反复复、气息交融的歌吟中默默礼赞仁慈与高尚，默默倾诉深藏的忧伤……而"醉明月"与"云五液"便成了灵魂的故乡。世界上所有的美，便都是灵魂的故乡。恍惚中，仿佛明月已成了醉月，飞来荡去；仿佛凝脂黛眉、守着孤寂的嫦娥，也丢下她的玉兔，丢下吴刚捧出的桂花酒，从皎洁的月中纤纤盈盈翩翩飞来……

而"醉明月"之于水富，之于近邻酒乡宜宾来说，它无非是斑斓夺目的名花之下一滴毫不起眼的水珠。但就是这一滴水珠，生产它的云南醉明月酒业有限公司，却是云南省与宜宾五粮液酒厂同一

区域、同一气候条件、同一工艺生产浓香型白酒的企业,并公开承诺其生产的企业标准酒绝无添加食用酒精及非自身发酵的呈香味成分。企业自1985年5月在五粮液专家指导下正式建厂,厂名国营水富醉明月曲酒厂。1998年改制组建云南省水富三乘酒业有限公司,2012年9月,更名为云南醉明月酒业有限公司。建厂三十多年来,企业始终坚守传统工艺并不断修炼古法纯粮酿造技艺技法。粮谷原料、古法配方、适温入窖、泥窖发酵、低温流酒、大火蒸粮、量级摘酒、按质并坛、陶坛老熟、地库陈酿,道道工序都做得一丝不苟。迄今已拥有中华人民共和国成立以来云南省第一位女性国家评酒委员,国家注册高级品酒师4人。其系列白酒曾获"金爵奖""云南省著名商标""云南十佳名酒"等部优、省优、地优等多项荣誉,其多款产品指定为云南省接待用酒,"醉明月·封藏"被中共中央办公厅选用,产品成功入驻中南海,被专家赞誉为真正传统纯粮酿造的高品质浓香型白酒,"入口绵柔、饱满,回味甘冽、悠长、爽净"。醉明月酒被看成可与国

醉明月系列酒

内一流浓香型名酒媲美的云南本土名酒品牌,深得全国各地及许多水富人,包括我这个生于酒乡、长于酒乡的人的青睐。

在水富城南的醉明月公司,在占地16.2亩,建筑面积8260平方米的厂房里穿行,在占地2154平方米的酿酒车间、806平方米的制曲车间、510平方米的包装车间悠游,睁大双眼,探寻其如何采用传统工艺,以泥窖发酵,如何蒸馏,又如何经多年贮存老熟,精心组合调味得到顶级酒体。近距离用眼睛、用鼻翼捕捉着每一个我喜欢的物象:白墙青砖灰瓦,低矮有些苍凉的门扉,陈旧有些斑驳的几幢两三层楼的厂房,写意出它日渐久远的历史;两棵青枝翠蔓的黄桷树,浑身散发着新生命蓬勃向上的浓郁气息;自如挥锹、熟练酿酒的酒厂工人,让人嗅到汗水的芬芳、粮食的芬芳、酒的甘醇……那一大一小的两棵高大茂密、树冠如伞、青翠欲滴的黄桷树,分明是吉祥如意的象征:踏踏实实扎根大地,枝枝叶叶紧密相依。头上白云,耳旁清风。朝也安然,暮也安然。让人心生暖意,乐意在树下的石凳上坐一坐,沐浴明媚的阳光,闻香品味,

> 小城像半弯月儿静静地落在水边

畅想"醉明月"的美好未来……

"入眼三分醉,沾唇满口香。"悠游是一次采风,是与一群人,与一群被誉为作家、诗人的人,徜徉在光线低暗的藏酒库房,徜徉在巨大的酒坛之间,徜徉在一杯又一杯封藏已久的"醉明月"之间……或火辣,或甘醇,或清香,或绵柔……酒情酒性,人情人性,一目了然,我钦佩这样的一群人。

仔细想来,这辈子,一个人无力到达的地方太多了。更多的时候只能揣着明白装糊涂,埋怨自己的愚钝,总是希望那些珠玉般的真性情的文字,总是希望那些美好的事物,一落地就与它们相识,总是急匆匆地停不下来。像一条水里的鱼只能乖乖地一直游,游啊游,唯恐落伍,唯恐被人当成逃兵。事实上,生活常常令人感觉很累。常常在劳累中一再错过很多,常常羡慕别人写出的好作品,羡慕别人的好生活。但这一刻,谁说不是呢?我的心停留了下来,大家的心停留了下来,在封

醉明月国家级品酒师郑洁

藏已久的"醉明月"之中停留了下来……大家好像品尝的不是酒,而是柔美的水;好像不是醉于酒中,仅仅是醉于柔情里;好像唯有醉这一姿态,才能恰如其分地对得起"醉明月"的真情真性……

觥筹交错,品酒品德。离开藏酒库房,我们又陷入另一迷醉的场景之中,被一瓶又一瓶包装各异的"醉明月"环绕。我们静静地坐在灯影之下,静静地听着企业老总如数家珍地介绍着那一款款"醉明月";静静地品尝"醉明月"及与其品质完全不同的酒精勾兑酒,在对比中欣赏,在对比中感叹,在对比中赞赏,再被"醉明月"一点一点浸透,浸透成了品酒师,只需闻一闻就能感受到什么是厚重、什么是飘浮……

温暖从心底缓缓地不断地升起,热血在身体里悄悄地沸腾。李白斗酒三百篇,文人品酒喜若狂。著名作家夏天敏即兴赋诗,龙飞凤舞书写出:"明月已醉人独醒,道德良心是为秤。峡谷深处明星启,酒香弥漫动京城。"尽情抒发对"醉明月"的赞誉与厚望。沈洋脱口而出的对联:"醉江醉风醉明月,品酒品味品人生;人山人海人来旺,重情重义重德行。"画龙点睛地道出"醉明月"的风采。吴运强:"醉后不知斜日晚,异香直到醉乡中。"寥寥两句写意出"醉明月"的劲道。黄发滨挥毫泼墨:"长江首港涌文澜,醉见东窗月上弦。借得坡仙扫愁帚,哦诗任笔走云笺。"则丝毫不掩饰自己对"醉明月"的喜爱……

而"云五液"之于水富,是"醉明月"之后又一款让人喜爱的好酒。"云五液"商标自1986年注册以来,水富古渡酒业有限公司秉承"以酒载道、以德兴业"的发展理念,采用天官庙洞泉水,水源明净碧绿,口感清新甘甜。当地百姓常年饮用此水身体健康、延年长寿,早在清朝年间,道光皇帝曾御笔"五世同堂"牌坊,因此得名长寿泉。洞泉水再加上本土原生态小麦、高粱、大米、糯米、玉米,以及一支拥有资深酿酒师、

勾兑师、评酒员、品酒师、质量检验员等 100 余人的专业团队，孕育出了浓香型的粮食酒、放心酒！1988 年 4 月在"云南省酒类质量咨询会议"评比中获同类酒总分第一名，获得专家们"浓中带酱，风格独特"的盛誉；同年"云五液"获首届中国食品博览会"铜奖"。2014 年"云五液"成为云南·水富"北大门"文学奖冠名产品。"云五液"连续两年成为"水马赛"和金江奇石博览会唯一指定用酒。2016 年获得"富迪杯"云南·水富国际半程马拉松赛"高级合作伙伴"称号。2017 年"云五液"成为昭通市农业产业化重点龙头企业。

　　漫步在拥有千年历史文化底蕴的古渡庙口，漫步在两碗镇和楼坝镇交界处中滩溪边的水富古渡酒业有限公司，探寻"云五液"的浓香型原浆洞藏酒。当走进山脚下、关河边神秘幽深、恒温恒湿的原中苏铁路修建时废弃的宽敞隧道，看着那些原酒入坛密封上锁并藏入洞中的大大小小特制陶坛，我不得不感叹这是个藏酒的好地方，更仿佛闻到了在经过岁月历练后，"云五液"散发出的醇厚饱满、绵柔纯净、余味悠长的浓郁沉香！而自己分明在迷醉中坠落，又在迷醉中飞翔……一切的一切，润物无声。一切的一切，在心灵深处温存起舞，在五粮、香曲、酒坛、美酒之间感受生活的纯朴和厚实，感叹生命的千山万水。哪怕挣扎无处不在，都力求永远保留那一份如酒般的纯粹，都永远坚守

❶ 醉明月生产车间
❷ "云五液"亮相北大门文学奖颁奖典礼

那一份如酒般的热烈。

　　在时光的长河里，多少人"停留在一个魅惑下面"（歌德语）。我依旧喜欢在十五的夜晚，守着一杯"醉明月"或者"云五液"，朦胧中感觉嫦娥飞来了又飞走……继续着李白的歌唱："我歌月徘徊，我舞影零乱。醒时相交欢，醉后各分散……"是的，就是这样，在无数人安睡的时候，习惯地守着一杯"醉明月"，孑然地感觉先知的手，服从一种召唤穿越一个又一个静谧的长夜，一任回味悠长、浓郁纯净、饱满醇和、绵甜爽净的酒香包围自己，化为水的魂魄，在水的故乡畅游，在酒的故乡畅游，在精神的故乡畅游……

云五液藏酒

珍馐留香：天赐美食味无穷

> 作家白瑞雪说："那小小的一碟菜里，吃得出食物本来的味儿，吃得出天地生养、万物竞发。包含在简单食物里的海洋与土地的气息，是人之来处，也是人终将所往。"简单，质朴，热烈，是水富美食的根本。辣麻鲜酸甜苦是水富人的美食世界，把心事交给舌尖，把灵魂交给味蕾，就如同荷叶之上有了荷花，山峰之间有了青藤，翠柳之上有了黄鹂，那真的是一种不可或缺的、微妙而美好的相依相伴，是食物在味蕾上翻起的千万层截然不同的滋味……

肥美鲜香的河鲜

在水富，时令尤物莫过于肥美鲜香的河鲜。而最具诱惑的则是承接大江文化、川菜饮食文化、宜宾独特的河鲜文化，在正宗间见怪异、大气中有平凡的水富河鲜宴。水富河鲜宴整桌菜肴全部以河鱼为主要原料，经过烧、烤、烹、煮、煎、炸、炖等多种烹饪方式，可制作出清蒸江团、干烧水密子、大蒜河鲢、酸菜黄辣丁等数十道菜肴，厨师们精湛的厨艺无不将河鱼的鲜美发挥得淋漓尽致。记忆中，在向家坝水电站没有修建前，水富金沙江沿江有多艘装修上档次的趸船，或现代大气，或古色古香，成为金沙江一道亮丽的风景线。偶尔约上三五朋友，悠然坐在船舱里，吹着习习江风，一边欣赏迷人的江景，一边品尝河鲜美味，整桌全鱼宴吃下去，味美肉鲜的各种鱼肉让人的味蕾得到最大的满足。八方游客一旦吃到水富河鲜宴，无不惊叹其为臻馐之鲜、传奇盛宴、舌尖之福，从此不相忘，从此长相思。只是随着社会和经济的快速发展，因多方面因素

① 平湖春色
② 黄辣丁汤
③ 红烧岩鲤

的影响，野生河鲜资源日益枯竭，变得日渐珍稀，时光中不变的只是对河鲜宴深刻的怀想，要想吃到正宗的河鲜都只能是碰运气了。

运气好的话，你方可在老杨饭庄、关河鱼庄、怪石咕噜鱼、九里香河鲜馆吃到纯天然正宗的川味河鲜，吃上让你食欲大开的或水煮或麻辣或鲜香的水米子、玄鱼子、江团、河鲢、青波鱼、河鲶、河鲤……唯有黄辣丁、河虾较多，还能够时不时让人饱一下口福。黄辣丁是金沙江、横江江水中土生土长的鱼儿，鱼体不大，遍体褐黄，用它做菜味道之鲜、汤汁之美非同寻常。一般十厘米长短，鱼体无鳞，腹部泛黄色，光滑晶亮。加工这种鱼无须刮鳞后再煎透，而是洗净鱼儿，掏尽肠肚，或直接用大火清炖，或做一道酸菜黄辣

丁汤，经过片刻的滚动，汤汁鲜味即出，香气四溢。鱼肉白细鲜嫩，鱼刺微小，嫩嫩的鱼肉一抿就下来，一口气吃下七八条，鲜美至极。末了再舀上一勺不辣的清汤，或辣酥酥、麻烘烘的热汤，慢慢品尝，一股飘飘然的感觉油然而生……河虾是优质的淡水虾，它肉质细嫩、味道鲜美、营养丰富，是高蛋白、低脂肪的水产食品。颇得消费者青睐的河虾做法，最常见的是麻辣小河虾与豆豉醉虾。炒麻辣小河虾时放入上好的小米辣与花椒，起锅时撒上葱花，红绿相配，一股辣辣的鲜香味扑鼻而来，十分诱人。再来一场河鲜配美酒的盛宴，吃一口外酥内软的小河虾，品一小口传统技术陈酿、清香馥郁的"醉明月"或"云五液"美酒，让饱满而厚重的美酒与清鲜细腻的美食碰撞，让"天上明月醉，人间醉明月"的美妙相生……豆豉醉虾，则是享受一种淋漓尽致的原汁原味，晶莹剔透的河虾蘸着新酿的麻辣鲜香的四川风味调味品水豆豉，是一种浑然天成的完美搭配，充分凸显出河虾清鲜细腻的本味，凸显出红色的辣椒、黄色的姜粒刺激味蕾的霸道。

有人把九香虫列入河鲜的名录。九香虫学名蝽象，俗称打屁虫，指甲大小，属昆虫类，复翼善飞，落地后蠢笨无比，任人摆布，可以泡酒喝，更多的是炒食。此虫少时青色，撒尿臭不可闻，每到白露后，河水初退，成百上千飞藏岩底，约一小时，顿变黑色。身体肥大，肚中尽是白脂，月余绝迹，翻石捕之置温水中去尿炒食，味鲜而美且大温补，实乃河鲜中之奇异者。温水中去尿的过程是一个不好掌握的过程，水温高了或者低了，其尿液均无法泄出，一旦去尿不成功，哪怕是一只，都极端倒胃口，但这并不妨碍很多人好这一口，九香虫在舌尖上的美妙碰撞实在是令人匪夷所思。记得小

时候经常在大雾的天气去横江边宽阔的河滩搬九香虫，只是那时候我们不叫它九香虫，而是直接叫打屁虫。每块能翻动的鹅卵石只要翻个身几乎都可以找到一只或几只蛰伏于下的打屁虫，若是在晨雾消散之前到河滩，常常可以听见打屁虫扇动翅膀飞舞的声音，闻到它独特的怪怪的气味。那时候因为到处是布满鹅卵石的河滩，多的是打屁虫，大家并不觉得珍贵，也谈不上太多喜爱，至少我是这样。只是不知什么时候铺满鹅卵石的河滩一块一块地消失了，随着河滩的减少打屁虫也越来越少，甚至翻找半天鹅卵石，累得满头大汗还是所获甚少。只是不知什么时候炒后变得黄霜霜、油亮亮、脆生生的打屁虫成了上等的下酒菜，吃者津津有味、大快朵颐，若是哪个请客吃饭，桌上有了这道菜，哪怕是嚼一把九香虫，就着一杯苞谷酒，也尽皆拍手叫绝，咋舌惊呼，充满惊喜，大约这便是物以稀为贵吧！

追根溯源，水富地处川滇接合部，金沙江、横江、长江三江汇流，距离宜宾市区33公里，气候温和，雨量充沛，这块土地无尽的山川和丰沛的河流水系，为水生生物多样性提供了优越的自然地理条件。孕育出无与伦比的各种食物原材料，是长江上游重要的鱼类种质资源库，是众多珍稀、特有鱼类的索饵场和繁殖场，孕育了150余种渔业资源。其中，省级以上重点保护水生动物21种、重

江团、玄鱼子

小河虾、船丁子

要经济鱼类20余种。物华天宝，资源禀赋，临水而居，靠山吃山，靠水吃水。水富人素有河鲜情结，经过漫长的历史积淀，沿袭了具有200多年历史的独特的川菜特色河鲜文化。得天独厚的自然条件，广阔的水域，丰富的水体资源，优越的区位优势，使得"河鲜"成了水富的品牌佳肴。无论是高官显贵，还是普通百姓，请吃河鲜都是尽显最高规格的礼遇与奢侈。有人问上帝，"喜欢"与"爱"有什么区别？上帝指了指一个孩子，只见孩子站在花前，久久不肯离开，最后，孩子被花的美丽迷醉，不由得伸出手把花摘下来。上帝说，这就是喜欢。接着，上帝指了指另一个孩子，只见孩子满头大汗地在给花浇水，又担心花被烈日晒着，自己站在花前。上帝说：这就是爱。喜欢是为了得到，而爱却是为了付出，这就是最本质的区别！当你懂得珍惜和保护的时候，这就是爱！为了更好地爱这片水域，爱这些珍稀的鱼类，近年来，水富充分利用良好的自然条件，制定了《水富县渔业中长期发展规划（2008—2020年）》《关于加快特色农业发展的实施意见》和《水富县水产养殖考核奖补办法》等一系列优惠政策，举办库钓精英赛、娃娃鱼品鉴会等，大力打造"水富河鲜"品牌，取得了良好成效。截至目前，水富有水产养殖企业6家，养鱼专业合作社1家，成功注册"关河水产""关河鱼庄""金江放牧鱼"等商标，全县渔业生产养殖面积达13010亩。其中网箱养殖面积92亩、河沟养殖面积350亩，9个月实现水产品总产量2025吨、产值3982万元，同比分别增长130%和193%。渔业专业养殖、规模化养殖比重达90%以上，已成为水富发展潜力大，促进农民增收的新兴特色产业。

冬去春来，无论是晨曦初始，还是皓月当空，无论是凉风习习的夏夜，还是深寒可掬的冷冬，灯影迷离的金沙江，清秀婉约的横江，扳罾，垂钓，渔舟唱晚，乌篷船逆流而上，顺水而漂……诗情画意，惹人陶醉，更喜阳春三月，桃花水暖，经

小红鱼、鱼蜂子

过禁渔期的孕育，经过清冽河水的荡涤，经过吐故纳新，此时的水富河鱼，体内污物代谢殆尽，正所谓天赐珍馐，活水鲜鱼，品尝任何一种河鲜都会让人感到回味悠长，尽享滑嫩、鲜香、舒爽、醇正之口感，而迷恋其间，意犹未尽……

活色生香的火锅

水富人对火锅情有独钟，既吃到爽，又懂得若即若离、适可而止。水富火锅秉承了川味火锅成渝两地火锅独有的麻、辣、烫、鲜等特点，可以称得上是百变"沸盆景"，温暖无敌，鲜辣豪猛，体现了水富人炽烈、火热、温情的性格，是水富美食的一绝，分为红味汤锅、白味汤锅和干锅锅仔三个类别。或围坐一口大锅，满锅红辣翻腾，捞都捞不完，吃一烫二看三；或围坐一口鸳鸯锅，红浪滚滚，白里浪条，麻辣与鲜香巧妙搭配，恰是一对俏鸳鸯，逗得人红味吃了吃白味，白味吃了又想吃红味；或每人面对一个小火锅，辣味、鲜味菜品各取所需，吃得自由，吃得优雅……大凡吃了水富火锅的人都会惊讶，光是那作料就看得人眼花缭乱：麻油、蚝油、小米辣、油辣子、蒜泥、芫荽、香葱、芝麻、碎花生、侧耳根、碎大头菜、碎芽菜……而适合在火锅里涮的东西实在太多，几乎是你能想到什么就能涮什么：毛肚、菌花、鹅肠、鸭肠、黄喉、鱼片、猪肉、脑花、腰片、牛肉、羊肉、鸡翅、腊肉、虾子、鱿鱼、墨鱼、带鱼、耗儿鱼、金针菇、肥肠、鸡爪、鸭鹅掌、肉丸、蹄筋、猪血、鸭血、鸡血、鹌鹑蛋，数十种蘑菇，各种蔬菜、豆制品……寒冬腊月，吃着热气腾腾的火锅，喝着

传统土火锅

甜丝丝的煮啤酒，暖和着手，暖和着胃，似乎连心里也舒坦起来了；酷热炎夏，吃着火辣辣的火锅，喝着冰爽爽的冻啤酒，大汗淋漓，痛快酣畅，哼着小曲，走出门来，顿觉一股仙风袭来，凉快极了。若是想彻底过把瘾，隔些时日就去吃一次自助火锅，应有尽有的上百种菜品更是让人咂舌，置身这些饕餮间任你风卷残云、大快朵颐，尽情享受物尽其用的"美德"。身为吃货，最无可奈何的事情就是胃囊容量有限，常听刚从自助餐厅出来的人形容"巴适惨了，走着进去，扶着墙出来，撑得都快走不动路了"，其欲罢不能的幸福溢于言表。而各具特色、五味俱全、香气扑鼻、香飘四座的鱼火锅、鸡火锅、鸭火锅、牛肉火锅、牛筋火锅、羊肉羊杂火锅、猪脚火锅、香辣虾火锅……一样令人心悦诚服、无力抗拒，就差没把舌头

吞下喉咙。

　　同时，水富火锅还秉承了以鲜香著称的传统土砂火锅。土砂火锅是由砂土烧制而成，中间是火管，是放木炭的炉灶，四周是圆形的锅具，用以放入各种原材料。主要原料有鸡、猪蹄、酥肉、瘦肉、墨鱼、黄花、木耳、芋头、干笋子等。第一道工序是将鸡、猪蹄宰成坨后分别在开水里过一下，然后与其他食材同时放进加有水的土砂火锅中，再加上花椒、生姜、盐等作料。熬的时候，要随时观察，水少了要添加骨头汤，火小了要添加木炭，直至炖熟。等锅里的菜吃得差不多了，便根据各人的喜好，烫食各种时令蔬菜，最受欢迎的是豌豆尖、小白菜、莴笋尖等。在20世纪六七十年代，土砂火锅基本上是过年才能吃得上的美食，家家户户散发出的香味熟悉得不能再熟悉。如今，生活蒸蒸日上，只要想吃，随时都可以在餐馆、饭店吃到，只是少了自己做的乐趣，但每到过年，许多人家还是习惯地保留着这道美味大菜。

火锅蘸水

❶ 串串香火锅
❷ 药膳火锅

水富人乐意在装饰格调高大上的水富大饭店、九里香、大凤炊招待朋友吃火锅，也喜欢在夜晚去最喧闹的北大门美食广场，享受你敬我一杯，我回敬一杯，我再敬你，你再敬我，那推杯换盏的友爱。听民族敬酒歌在夜色中飞而浮想联翩，听喝酒行令声一浪高过一浪。这桌在"酒酒酒（九九九），好朋友，万事莫过杯在手，我愿长江化作酒，有朝一日跳到江里头，一个浪子一口酒"；那桌在"两只小蜜蜂呀，飞到花丛中呀，左飞飞，右飞飞，嘿呀！石头，剪刀，布""啪、啪""啊、啊"。这桌在用筷子敲筷子，大声喊"棒棒棒棒鸡，棒棒棒棒虎"，输了"鸡吃虫""虫啃棒"，赢了"棒打虎""虎吃鸡"；那桌在"一只青蛙一张嘴，两只眼睛四条腿，扑通一声跳下水；两只青蛙两张嘴，四只眼睛八条腿，扑通，扑通，跳下水；三只青蛙三张嘴，六只眼睛十二条腿，扑通，扑通，扑通，跳下水；四只青蛙……"这桌在"乱就乱啊，好就好。一心敬你，两兄弟好，三桃园，四季财，五魁首，六六六，七巧巧，八匹马儿跑，九（揪）到你不放啊，酒你喝啊"。那桌在"酒是一包药，不喝不快乐。酒精虽有毒，不喝不舒服"。甚至有漂亮的辣妹子，旁若无人地划拳："碰到就碰到，起（七）飘飘，起（七）飘飘"……声音高亢清脆，气势咄咄逼人，真的是雅俗共赏，既有文人雅士"当筵歌诗"的酒令，又有凡夫俗子吆喝佐欢的酒令，萝卜青菜，各有所爱。不知不觉中喝酒狂欢的人们在小城微茫的灯影中安静了下来，不知不觉中人们就沉醉在微醺中，感觉自己软绵绵的，心简直要飞……难怪有人说吃火锅与谈恋爱有异曲同工之妙：脸红、心跳、舌尖吻着舌尖。

光想象那情景，就觉得全身热将起来，恨不得也体会一番苏东坡的诗句"三杯软饱后，一枕黑甜余"。

风萝卜汤煮腊猪蹄

余味悠长的腊味

美食亦布衣。"布衣"美食，直抵人心，温暖，可喜。平常的美食，如同朴素的花朵，在寻常的日子里盛开着，错落有致，不因卑微而仓促自己，认真地开着每一朵花。香肠、腊肉、腊猪蹄是最具有代表性的传统"布衣"美食，具有开胃、去寒、消食等功能。逢年过节，几乎家家熏制，沿袭了具有上千年历史的民间熏制方法。

第一道好吃的腊味，是太平盐井、二溪等偏远山区的腊肉，那里林茂草丰，几乎家家都烧柴草做饭或取暖，具有天然有利的条件熏制腊肉。那种一年四季都悬挂在火塘上方或柴火灶上经过柏枝熏制的老腊肉，夏季蚊蝇不爬，经三伏而不变质，表里如一，煮熟切成片，透明发亮，色泽鲜艳，黄里透红，味道醇香，肥不腻口，瘦不塞牙，不仅风味独特、营养丰富，而且具有开胃、去寒、消食等功效。回味悠长，保持了色、香、味、形俱佳的特点，素有"一家煮肉百家香"的赞语。特别是那油浸浸的腊香，古老醇厚的腊味，仿佛像是从20世纪六七十年代随风飘过来的……再配以传统的白嫩嫩的手工石磨豆花，最正宗的是用生长在田坎边的"毛豆儿"（小黄豆），它个头儿小，皮薄，细腻，泛着黄灿灿的光。由于是生长在田坎边与稻谷混种在一起，又有一种恬淡的独特的若有若无的稻花香味，加上用原生态的石磨推磨至绝细，点上原生态的"石

回龙堡苗家熏制老腊肉

膏",浇上由朝天椒、胡豆酱、大头菜颗颗、宰碎的肉炒制的蘸水,那可是爽爆了。

去酒店饭馆,除了原汁原味地品尝,水富人还喜欢换换口味,或点一盘老腊肉炒茶树菇,或来一盘老腊肉炒干蕨菜,或炒蒜苗、炒花菜等等,所烹制的菜肴无一不是妙配:老腊肉色泽红润、入口香醇、鲜嫩细软、油而不腻,配菜韧劲十足、清香爽口、余味悠长。其中尤以老腊肉炒蕨菜最受欢迎。野生蕨菜享有铜锣坝原始森林"山珍之王"的美称,营养价值高,又有多种药用价值,是一种最具保健、美容功

天气变暖，
清洗冷藏

效的绿色健康蔬菜。可炒、炖、煲，下酒、下饭都一样爽口，吃了一次就上瘾了。

第二道好吃的腊味，是与老腊肉一同历经烟熏火燎的腊猪脚。最受欢迎的是风萝卜（萝卜干）炖腊猪脚。冬季里，围着热气腾腾的火锅，不用现在餐馆里流行的啃骨头手套，直接嘴啃着软糯的猪蹄，骨边沿上的肉筋道而细腻，有时遇上脆骨或者蹄筋，就直接送给槽牙咯吱咯吱，

香脆无比。边啃边喝酒,香味缠着舌尖走,再喝上一碗浓浓的含着淡淡老姜、花椒、陈皮香味的风萝卜汤祛风散寒,你会觉得自由畅快的幸福不过就是从舌头滑向胃里的汤,简简单单,美而温暖。

第三道好吃的腊味就是腊香肠了。腊香肠也是深受水富人喜欢的一道风味菜,每年的腊月是每家每户制作香肠和腊肉的好时机,做好了就挂在窗户外、阳台上晾晒。只是县城里的人自己在家制作的少了,大部分是亲自去农贸市场买肉,然后根据自己的口味或麻辣或川味或广味或五香味,看着加工,再拿回家风干。由于受条件限制,柏枝已无处可寻,熏制的过程也就逐渐消失,便总觉得少了一点什么,多了几分什么,原来是少了腊味,多了原汁原味。下酒菜,最百搭的永远是入味有口感的玩意儿。一口香肠,一口酒,炒花生撒盐,配一切酒,去除冗杂、繁复、粉饰和累赘,只听见口腔里咔嚓咔嚓的脆响,图的是食材本真的味儿,图的是不过度雕饰,不太多刺激味蕾的愉悦感,图的是让生活变得简简单单、真诚快乐。随心,随性,随缘。入口,入胃,更入心。"布衣"美食,返璞归真。哈,真希望能把酒言欢——这何尝不是水富人多少年来对自己的一种深爱?!

传统名吃九大碗

九大碗是水富农村的传统名菜,一般每席有九碗菜,九大碗是最起码的标准。其注重的是蒸菜,主要有头碗、烧白、面面扣、酒米饭、酥肉汤、坨坨肉等。称其九大碗,一来是撑场面,因为民间视"九"为吉数,有"九九长寿""九子登科""天长地久(九)"

❶ 节节香脆
❷ 烧腊拼盘

的说法。二是赞其菜多量足的意思。

水富九大碗，主要是农村流传的风俗习惯。凡是哪家结婚、生子、建房，都要请亲朋好友来相聚，大吃一番九大碗。据说"九大碗"可以是七碗，也可以是十一碗，但决不能放八碗或十碗。喂猪的猪槽一般都是用石头做的，所以不能用十碗菜来招待客人，十这个数，是办席必须忌讳的。

水富的九大碗多摆于狭长的街道或者农家院坝里，最能体现出声势浩大的氛围，体现出喜庆热闹的吃相。在农村常常可以看到这么一幅景象：数十个随地而挖或用砖砌成的临时灶台、土灶上数十口大锅一字排开，或排成几列，叠得高高的蒸笼，热气袅绕，数十上百人聚在一处，简易的案板上堆满菜肴、餐具。红案白案，"三蒸九扣"（锅蒸、笼蒸、碗蒸）……吆喝声、笑声此起彼伏，场面热烈壮观，腰拴一截油迹斑斑围裙的"油厨子"飞快地挥舞着手中的锅铲或菜刀，一碗碗菜像流水一样被端上桌子。在一阵鞭炮声后，于漫天青烟中按男女的区别，辈分的高低，分散坐于一张张"八仙桌"旁，伸箸畅食，举杯畅饮。主人家不停地招呼客人，说人手少、菜不好，大家多多原谅……我在太平亲眼见到过一次最霸气的九大碗，据说是两百多桌，只见桌子从街的这头摆到了街的那头，人头攒动、络绎不绝的流水席，据说摆了整整三天。

在旧时，物资不丰，多数平头百姓以能请吃"九大碗"作为最好的口福。民间仍以"吃九大碗"作为宴客的代称，只是如今的菜

式在宴客时多以一二十式为常见，已由九个发展到九的几倍。一般就是农家将现成的猪、鸡、鸭、鱼、肉、蛋，加上时令蔬菜，做成川味的家常菜肴。比较具有代表性的菜肴有酥肉、芙蓉蛋、清蒸鸡鸭、蒸杂烩、甜烧白、咸烧白、粉蒸肉、蒸肘子、宫保鸡丁、韭黄肉丝、鱼香肉片、白油肝片、椒麻鸡块、火爆双脆、糖醋里脊、白汁三鲜、酱烧肘子、白斩鸡、粉蒸鸭等等。当然了，农家自制的香肠、腊肉更是少不了的。更富有者，为显阔绰，常在头碗内加主料而分别被称为"蹄筋席""竹荪席""海参席""鱼翅席"等等，以示档次增高。也有的在最后上席的一道菜上做文章……

位于云、贵、川三省交界处的水富，自古就成了三省人民往来频繁之地，人口的流动使川菜、黔菜、滇菜三个菜系在此融

❶ 乡村九大碗
❷❸❹ 准备九大碗

❶❷ 九大碗必备的头碗、黄酒米饭

❸❹ 九大碗必备的烧白、喜沙肉

❺ 九大碗出笼

合。比较有名的昭通美食也落户水富，天麻炖鸡、酸汤猪脚、菜豆花、连渣捞、酸辣饺面、昭通烧洋芋、酸辣鸡、酥红豆、稀豆粉等等也成了水富人待客的好菜。食在水富，不胜枚举。

化腐朽为神奇，一些正在消失，一些正在传承。美食如人生，懂得品味美食的人，也一定懂得品味人生。平淡的人生是真实的人生，寻常之物烹调出的美食是真正的美食。一道美食，自是色香味俱全，人生也是如此。有了色香味，人生才是丰美的，才是有滋有味的。这也正应了周作人的一句话：我们于日用必需的东西之外，还要有一点无用的游戏与享乐，生活才觉得有意思。其实，美食就是日用必需的东西之外的一点享乐。不过美食这种享乐不是无用的，美食终究是美食，美食是美的。不知咋的就想起了余光中的诗句：我有所念人，隔在远远乡。我有所感事，结在深深肠。乡远去不得，无日不瞻望。肠深解不得，无夕不思量……

数不胜数的名小吃

小吃，最能体现一个地方的饮食文化。"温泉之都，浪漫水富"声名远播，有着浓烈的川滇地域色彩和饮食结构的名特风味小吃荟萃水富，别具一格。2015年在昭通首届名特小吃评选活动中水富就有"包浆豆腐"与"陈口蘑王"荣膺昭通十大名特小吃、十大风味小吃之列。事实上，水富吸引人的名特风味小吃很多，吃了便不得不回味，单是三十多公里外的宜宾人就"瘾君子"般一次又一次前来品尝……

水富小吃随处可寻、风味独特，令人眼花缭乱，且不说那咸香鲜美的小笼包子蒸得白生生、鲜嫩嫩，一进口就轻轻滑进肠胃；且不说飘着叶子清香，用上等糯米做成的"猪儿粑"（又名"叶儿粑"），刚蒸熟时的洁白、光泽，仿佛是煮熟的小猪，一咬就感受

到黏度合适的香糯、糍和与流油的猪肉芽菜馅；且不说甜滋滋、香喷喷、软绵绵的，让多少人尝尽了甜头的黄粑；且不说烤得两面金黄、香气浓郁，包有肉馅、野葱葱的老苞谷粑，绵软清香的新苞谷粑；且不说不燥不酸，冷热食用都香浓味甜，米粒成团的醪糟蛋；且不说咸鲜十足、皮软馅多的猪肉抄手，单那放在案板上透明透亮的凉粉，用特制的形状若漏勺的铁器在凉粉上轻轻一刮，成条状的凉粉便顺着铁器上的小窟窿游鱼一般钻出来，抓了盛在碗中，放上香油、葱花、芫荽、蒜水、油海椒等，红红绿绿，不吊你的胃口才怪呢？！用筷子把作料拌匀，一股香气扑鼻而来，自然是心动不如行动。寒冬之季冻得不行，来一碗热气腾腾的三鲜豆腐脑或香味浓郁、又麻又辣的"点点香""串串香"，荤菜、素菜都用竹签穿成一串一串的，包你吃得满面春风、暖意融融……

水富人清晨有吃面条的风俗，清晨的早餐，不妨去十字街吃碗水富面，水富面条的花色很丰富，有口蘑、牛肉、肥肠、三鲜、排骨、口磨、杂酱等二十多个品种。其中最为出名的是燃面，水富燃面来源于宜宾燃面，历史悠久，工艺独特。水富与宜宾一衣带水，巴蜀文化对水富影响很深。那香油、香葱、芽菜、碎花生、芝麻、上等花椒、辣椒油一定会诱出你的口水来。有道是："宜宾的芽菜成都都闻到香。""水富的燃面昆明人也喜爱！"堪称水富食文化的"形象大使"。水富燃面选用优质水面条为主料，以碎米芽菜、小磨麻油、鲜板化油、八角、山柰、芝麻、花生、核桃、金条辣椒、上等花椒、味精、泡酸萝卜粒、香葱等辅料，将面煮熟，捞起甩干，去除碱味，再按传统工艺加油和作料即成，不同时令，不同的人，有的还加上凤尾、豌豆尖或菠菜叶。因其油重无水，引火即燃，故名燃面，那见火就着的热辣性格，足以让天下所有的"面"们汗颜。碎米芽菜，是做燃面不可或缺的作料，是用一种名叫青菜秆的蔬菜制成。青菜秆直径约在3厘米粗、长30多厘米，用竹签划成细条晾晒腌制后，呈棕黄亮色，以咸为主味，同时兼有"香、甜、脆、嫩、鲜"等口感的腌菜。食用时切成米粒大，故称碎米芽

❶ 鸭儿粑
❷ 石灰苞谷粑

1 打糍粑
2 糍粑
3 素燃面

菜。在十字街三毛特色燃面、振兴路的陈口蘑王、长江大道的老字号刀削面馆，团结路、人民路、紫金豪园丁字口街等等，随便在哪条街上的哪一家面馆吃上一两碗都可以品味到疏松红亮、香味扑鼻、辣麻相间、味美爽口、价格公道的燃面，体会一种非凡的味道和口感。也可以感受不同口感的干拌面系列中的生椒牛肉面、豇豆面、金酱面等，汤面系列之刀削面、三鲜面、炖鸡面、番茄丸子面、咸鲜面、红豆面、豌豆面、红烧牛肉面、肥肠面、姜鸭面、鳝鱼面、排骨面等等，其花色

品种繁多，鲜酸甜麻辣俱全，足以让人一个月的早餐一天一个口味换着吃。遇到胃口大开时，一气吃它三四样也不嫌贵、不嫌多。管窥水富面，口蘑面尽显香菇的鲜香清爽，肥肠面尽显肥肠的绵软厚重……真正体现了水富饮食文化的丰富与味美，精细与考究，难怪许多外地人来了水富，也必定是乘兴而去、欢笑而归，吃了还想吃，走了难忘怀。

水富除了美味的面食，羊肉米线、牛肉米线也在这里安家落户，承继了正宗地道、物美价廉的云南著名风味小吃米线的特点，主要以高汤、新鲜牛、羊肉片，米线再加作料芫荽、薄荷等做成。味道鲜美的高汤与众不同，汤中配有大枣、枸杞等三十余味中草药，辅以上等大骨熬制，浓香四溢。具有补气、滋补、健身之功效。油花微澜、肥而不腻、细白柔韧的米线一端上桌子，马上食欲大增，夹上一筷子到嘴里，顿觉口感细腻、入口绵滑，那浓香的热气与鲜美的味道，让人深深迷恋。尤其是冬天，一碗米线吃下肚子，浑身暖暖和和，气血通畅，舒服极了，深受水富人与外地人的喜爱。若是不想出门，与众多燃面馆一样，服务周全，一个电话就可以送货上门。

假如夜晚饿了、馋了可去团结路农贸市场吃夜宵，任斌的任氏烧烤尽管位置靠内，还是以其热情周到的服务与巴适得很的豆花烤鱼、凉拌鱼、臊子包浆豆腐、把把烧等吸引着众多的食客，常常到半夜，还有一二十桌的人喝酒行令，乐不归宿。也可去紫金豪园丁字路吃羊肉串把把烧，常常是还在三十多公里外的宜宾的朋友反过来向我推荐说，你们水富的把把烧好吃，有时晚上九十点钟了几个朋友想到那种味道都要马上开车来吃上几把，再喝几杯色香味美，放了红枣、生姜片、醪糟的养生煮啤酒，辣得痛快，安逸得很……

食在水富，回味无穷。水富人喜欢吃，水富的名特风味小吃如八仙过海，各显神通。为了弘扬水富的川滇美食文化，全面提升水富名特小吃的知名度和美誉度，水富县委、县政府以"昭通市美食美酒文化节"为契机，深入挖掘水富特色小吃的文化内涵，结合文

① 醪糟粑粑
② 红烧牛肉面

把把烧羊肉串

化旅游产业的发展,加大规划引导和政策扶持力度,着力打造水富北大门美食广场,充分发挥水富食材资源丰富、优质独特、天然健康、绿色无污染的优势,重点推出群众喜爱的名特小吃,促进水富夜宵行业提质升级。夜晚的金沙江静静地从北大门公园旁流过,北大门美食广场内灯火阑珊,漫步其间,我不得不惊叹它的丰富与热闹,美食与舌尖碰撞出的大快乐……"生态农户产品预订加工"的土鸡、乌骨鸡、土鸭子、老母鸡、粮食年猪、黑山羊、香猪、土鸡蛋、野兔任你挑;"首创汉族把把烧"的牛肉、菌肝、鸡尖、五花肉、肥肠、脆肠、腊猪头肉、五香花生米、鸡爪、鸭爪、鸭头、豆腐、香菇、泡椒木耳、油炸花生米、凉拌臭豆腐,还有豆花烤鱼、凉拌鱼、泡椒侧耳根烤鱼、包浆豆腐、生蚝、扇贝……各类小菜任你选;"印象昭通烧烤"牛羊肉把把烧、烤鱼、包浆豆腐、凉粉、水煮洋芋、烤米线、烤蔬菜让你领略昭通特色,"向家坝纯清油铁板烧"的干烧鲫鱼、凉拌

鲫鱼、臊子脑花、酸菜粉丝汤,"彭记轩火锅"的仔姜鲜锅兔、鲜椒土鸡、野生珍珠鸡、新寿回味鱼、牛肉火锅等干锅系列又是另一番本土风味;"壹伍壹食夜宵"的家常干锅鸭、招牌小龙虾、手抓小龙虾、特色铁板锡包鱼、干锅鸡、干锅虾、铁板美蛙及各式卤拼,"玉平夜宵店"的香辣龙虾、炒田螺、干煸鸡翅、香辣鱿鱼,"火盆烧烤"店的烤生蚝、烤扇贝、烤小黄鱼、烤牛肉、烤脑花、烤菠萝、烤金针菇、烤豆花、凉拌生牛肉、凉拌鲫鱼、五香猪大排、脆皮香蕉……闻到都香;此外还有"老字号:正宗牛羊肉把把烧、小李纯清油铁板烧""特色牛羊肉把把烧""小刚烧烤""惠惠火盆烧烤""王氏砂锅羊肉羊杂汤""王氏鱼火锅""何氏特色铁板鱿鱼""海鲜烧烤""三哥纯清油烧烤""老好人豆花烧烤""食味来"等夜宵店比比皆是,难怪此处已经成了水富人及八方来客吃夜宵的地方。随便在哪一家吃了鲜香麻辣的美食,不妨去"媛果果奶茶小吃店"来一碗水富的桂花凉糕或玫瑰冰粉或椰奶龟苓膏或水果刨冰,喝一杯椰奶西米露……口感真是好极了,凉爽到了心里边。

  数不胜数的水富名小吃,应接不暇,精华荟萃,风情万种。吃在水富,美食是对自己的慰劳。把心事交给舌尖,把灵魂交给味蕾,不亦乐乎。细细咀嚼,你可嚼出点什么味来?!

任氏烤鱼

山乡野味：剪不断的乡情

> 植根于记忆深处，滋味甜蜜而隽永，灵魂在山野徜徉，舌尖久久地停留在一种清香上。那是野菜的清香，时光的淀香，健康的味道，微苦的味道，生活的味道，思绪在水富春的山野、秋的山野、夏的山野、冬的山野跳跃……

  闻着窗外黄桷兰的香度过了盛夏，秋天不知不觉就来了，桂花的香，桂花茶的香又如期而至，弥漫在空气中，味蕾情不自禁地被牵动，脑子里自然想起一句颇有文艺味的句子，叫"布衣不掩国色"。但念想的却不是那村里的小芳姑娘，我所想到的是，一年四季在野地里随风摇曳的花，还有那些看起来粗陋，不知何时又回过头来成了宾馆酒店、家庭餐桌上上品美食的野菜……

清明草

  事实上，每年春天我都要邀约几个好姐妹到山野采摘这种名叫清明草的植物。或许是因为这里具有中亚热带湿润季风气候，低丘、河谷具有南亚热带的气候属性吧，气候温和、热量丰足、雨量充沛、光照适宜、无霜期长、冬暖春早、四季分明、土壤肥沃，极适宜植物生长，一到春天，花草漫山遍

野，美不胜收，我们总能在田边地角、在斜坡地带、在五彩缤纷的色彩中迅速寻找到它。若是早春时节去，看见的就是绿绿的毛茸茸的嫩嫩的一片，竞相从草丛中探出头来，摇曳着小小的青涩的花骨朵，在微微的清风中向我们招手；若是深春时节去，在灿烂的阳光下，柔柔的风吹过来，远远地我们就能闻到清明草特有的香味了，远远地就会看见绿色中那闪烁着的成片的金黄，而那刚刚绽放的一簇一簇的小小的金色的花朵，便是我们最想找的清明草了。只有这时节的清明草的花朵才更饱满、更清香，与它的绿叶一同采摘下来做出的草草粑，才最有味道、最具色彩。而自己采摘的、自己做的就更是别有一番风味。所以，在这个季节我总是乐此不疲，沐浴着暖暖的阳光，热衷于在山野里跑来跑去，在春风中跑来跑去，在惊喜中跑来跑去，不时蹲在野草中，蹲在清明草的花丛中，一任它的花香包围着，一任它的草香包围着，兴奋地采摘着一朵又一朵……

　　采摘过清明草的人都知道，采摘清明草是件简单得不能再简单的事情，只需随身带一个口袋去装就可以了，而采摘回去的清明草要做成草草粑则复杂许多。首先是按照比例买好大米与糯米，磨成粉，再把清明草里那些采摘时不经意带进去的杂草一棵一棵地剔除出来，用清水淘洗干净，滤干水分。尽量切碎之后，把清明草放进大米与糯米粉中，兑上适量的水，喜欢甜食的加入适量的糖，喜欢咸味的加入适量的盐、花椒面，再一同揉捏。直揉捏到大米、糯米、清明草完全融为一体，放碓窝里舂几分钟后，放在蒸格上或者蒸笼里，在锅里掺上水，再把蒸格或者蒸笼放上去，盖上盖子，用大火烧开水蒸，蒸熟后捏成一个一个自己喜欢的形状，或圆或方，刚出锅的草草粑格外的糯香爽口，好吃得很，或甜而不腻，或咸得清香，糯性十足，又不粘牙。吃了这样的草草粑若不过瘾，还有另外的吃法。把蒸好冷却后的草草粑切成半指厚的片，放进锅里用滚油煎炸，直至煎炸到两面略呈金黄，起锅装盘，待不烫牙了，趁

开花的清明草

❶ 油煎后的草草粑外酥内软
❷ 时令季节菜市场卖的草草粑

热吃,那才是外酥内软,哎哟喂,那叫一个美!但若是大米与糯米的比例不当,吃起来要么硬而无味,要么糯得一点都不清爽,粘牙齿得很。在这个时节,菜市上随时可以买到的草草粑,我是不买来吃的,虽然老远地也能闻到它的草香,但总觉得没有自己采摘的、自己做的地道纯正。离开故乡的人,只要是春天回来,总是要吃上这草草粑,有的还会亲自去采摘,并亲自完成每一道工序。甚至有远在他乡的人,叮嘱自己的亲人多采摘一些晒干邮寄过去。他们对清明草的喜爱,对草草粑的喜爱,在我看来已经不是单纯的喜爱清明草,喜爱草草粑了,而是对故乡的眷恋,对故乡无尽的思念。

或许,清明草的味道,便是故乡的味道,思念的味道;清明草的香,就是故乡萦怀不散的香……

鱼鳅串

野地里生长茂盛的鱼鳅串

鱼鳅串，只是民间对一种野菊花的俗称，到底是哪三个字，我一直没有弄清楚，从小到现在，问了许多人都说不清楚，只好根据自己的喜好随便用三个读音相同的字替代。它的书名是紫菊，植株低矮，通常高不出三十厘米，花瓣呈头状花序，蓝色，花蕊是金黄色，铜钱大小，上部分多枝，叶互生，纯绿色，或者绿中带点暗红色，卵状三角形或卵状椭圆形，略像船形，长三至九厘米。一些叶子边沿则有锯齿纹，那小小的花一任细细的花茎托着，哪怕是轻微的风也足以让它激动得颤抖，一眼望上去格外的清雅脱俗，惹人爱怜。

很小的时候，我身体瘦弱，常常感冒发烧，母亲总是去山坡野地采它来为我熬水煎服，每次都要喝上一大碗，满嘴苦涩的药味，哪里闻得到它的芳香。不过这土方法还确实有效，所以一次又一次地喝，就成了常备药。母亲也叫我辨认这种植物，再叫我独自一次又一次地去山坡野地采摘回来，我也自然对这种植物熟悉得不能再熟悉。母亲用它为我治病，并非纯粹是因为那个时代药品匮乏、家

开花的鱼鳅串，只能煎水喝了

庭经济困难，而是用它治病完全有据可查。原来鱼鳅串不仅抗感染，在清热解毒方面，较其他的药物有更好的疗效，有很好的降压作用，最实用于流感，上呼吸道、眼之急性感染和发热，以及病毒感染、细菌感染或混合感染，皮肤感染性红肿等等。只是随着抗生素的普及，鱼鳅串还是彻底淡出了我的生活。偶尔去乡下看见它，也只是静静地欣赏它的美丽，回味母亲用它煎水让我服用的往事，回味那贴心的温暖，回味那在白瓷碗里冒着热气，微微荡漾的浅褐色的汤药，却不曾再采摘它、食用它，再没有使用这土方法治病。直到几年前，一位朋友带我去一家颇具特色的农家兔馆吃野菜，鱼鳅串才又一次搅翻了我的味蕾。我完全没有想到其中一道几十元一份的野菜，居然就是凉拌鱼鳅串，那清爽、味厚、微苦的味道，真的是不错了。看似平常的一道菜，却是集麻、辣、鲜、香于一体，重用辣椒、花椒和鲜姜。原来鱼鳅串并不只是一味苦涩的药，它的嫩叶还可以当美食食用，让人在美妙的享受中受用它的药效，我再次迷上了这种植物。

此后，一到春天我必定赶在鱼鳅串刚发出叶子，连花茎都没有之前，花骨朵都没有之前，去山坡野地一边享受春光，一边采摘。那一丛丛，一片片，挤挤挨挨地舒展着嫩嫩叶片的鱼鳅串是那么的可爱，那么的青春，蓬蓬勃勃地破土而出，信手拈来，不多一会就可以采摘一大兜。回家后用清水淘洗干净，或清炒，或烧一锅开水烫一下后凉拌，二者味道迥异。而清炒最大的优点就是极大限度地保持了鱼鳅串的原味，辛香味苦。记得一次去铜锣坝采风的路上，看见路边有鱼鳅串，便随手采摘了在二溪的一家饭店加工，凉拌而食。一位湖北客人与我们同吃，没料到他却迭声地赞叹说，太好吃了，太好吃了，清香，清香，是啥子菜哦？从来没有吃过。那一刻我竟然有了一种小小的成就感，快乐无比。

朋友说，不晓得我咋会爱这鱼鳅串。其实，我爱它，不仅

仅因为它易于生长、娟秀俏丽、幽雅可爱、色香味美，更重要的是它于我有不一般的记忆，让我总感觉到那是温暖的味道、母亲的味道、幸福的味道，还有一种微微的苦涩辛辣的味道。

荠荠菜

认识荠荠菜是最近两年的事。早春二月的水富，正是采荠荠菜的好时候。在田野、路旁、庭院，到处可以见到野生的荠荠菜。荠荠菜是一株株小小的不起眼的植物，一种是板叶荠荠菜，呈锯齿形的叶片四散开来紧贴泥土，叶子的边沿是褐色的；另一种是散叶荠荠菜，呈嫩嫩的翠绿色，叶片没有锯齿，也不贴着地面生长，最高可以长到十厘米左右。只是贴着地面长的这种吃起来更清香，荠荠菜虽是野菜，却含有丰富的营养成分。它的蛋白质含量每千克为

凉拌鱼鳅串

❶ 荠荠菜饺子
❷ 采摘荠荠菜

42.4克，在叶菜、瓜果类蔬菜中数一数二，它的胡萝卜素含量与胡萝卜不相上下，它的维生素C含量远远高于柑橘。而且它还富含各种无机盐，绝对的环保，绝对的绿色。因此荠菜越来越受到人们的钟爱。

春寒料峭，风还有些僵手，我们就兴致勃勃地徒步上了马脑山。贴着地面生长的荠荠菜好是好，采摘起来没有工具便有些困难。那户人家看见我们在摘草草，很热情地问我们摘来做啥子，要不要镰刀。我们说，摘野菜，他们便笑了起来说，天气这么冷，你们就上山来找野菜！来烤火吃烧洋芋吧！现在的城里人硬是奇怪得很，喜欢吃这些草草，还偏要说好吃得很。我笑了笑，不便作答，只说把荠荠菜摘了再烤火。农妇连忙递给我们一把镰刀。这镰刀还真的管用，又快又好，只需用刀尖对着荠荠菜的根部一剜，一棵荠荠菜就完好无损地被摘下来。

隔天，喜欢户外、喜欢野菜的英子到家，我便迫不及待地向她推荐荠荠菜。英子忍俊不禁地笑了。她说，我早就晓得荠荠菜好吃哦，在上海它被种植，还是一道价格不菲的名菜，烹饪中用于炒、拌或用于馅心。做法有荠荠菜猪肉水饺、荠荠菜

猪肝汤、荠荠菜炒百合等，我最喜欢荠荠菜猪肉水饺，那味道巴适得很。我的味蕾被再次狠狠地刺激着，马上约了英子一家星期天徒步到马脑山黄沙水库野炊、摘荠荠菜。

星期天一鼓作气徒步到马脑山黄沙水库，她的那个他乐于钓鱼，我们俩则忙着寻找荠荠菜。很快，我们就在一块栽满白萝卜的地里发现了荠荠菜，向阳处的荠荠菜有些植株间已经冒出了一枝极细极细的花茎，花茎的两侧撑着许多绿豆大小像铃铛一样的小叶子，花茎的顶端开着几点芝麻大小的白色小花，用手一掐，老得有了韧性，已经不宜食用。而萝卜叶下遮阴处的荠荠菜又多又茂，挤挤挨挨、密密麻麻，它的叶片格外青嫩油润，不一会我们就摘了满满的两大袋。我们拿了一小袋到附近农户家淘洗干净的回到水库边，英子拿出背上山的户外炉具、家什，打火点燃煤气，锅里装上水，把火锅底料、买的排骨倒进锅里熬起，香便四处弥漫开来并逐渐浓郁。我们一边欣赏着水库四周的艳妍春色，享受着柔柔阳光的抚慰，一边分享着钓鱼的喜悦，待十多条鲫鱼被钓起来的时候，排骨已经在锅里熟透，赶紧把鱼开膛破肚洗净丢进香喷喷的锅里，再抓上一把荠荠菜扔进锅里，烫一小会儿，立马捞起。荠荠菜、鲫鱼那个清鲜香爽、醇厚滋味，好得真的是无法形容。

一天的时间一晃而过，下山时太阳早已经隐于山后。夕阳余晖，暮色苍茫中，我们带着淡淡的清香回到家里，第二天赶紧买来饺子皮、剁碎的新鲜猪肉，把余下的荠荠菜洗净切碎，拌上常用的调料，与猪肉搅拌在一起，做成饺子。再用一小把烫在鸡蛋汤里，黄绿相间，一派春色满园的样子，还没有吃，就垂涎欲滴。只品尝一口，就一下子让我深深地恋上了它，而久久不能忘怀它的碧绿汤色、醇爽滋味、悠长香气……

没想到这看上去貌不惊人的荠荠菜，做法简单，风味却

野生荠荠菜

种植侧耳根

极其独特。我不得不感叹,难怪荠荠菜可以成为上海的一道价格不菲的名菜,难怪我国自古就有人采集野生荠荠菜食用,早在公元前300年就有关于荠荠菜的记载。19世纪末至20世纪初,上海郊区开始人工栽培,至今已有90多年的栽培历史。目前国内不少大城市开始引种栽培。种植也分板叶荠荠菜和散叶荠荠菜两种。而且一样的具有药用价值,具有和脾、利水、止血、明目的功效。可用于治疗痢疾、水肿、淋病、乳糜尿、吐血、便血、血崩、月经过多、目赤肿疼等。看来荠荠菜不仅仅是口感好,还是治病的宝贝。难怪荠菜古称"护生草",民谚有云:"三月三,荠菜当灵丹。"

荠荠菜,人们如此欢喜地爱着它,自有喜爱它的道理。如果你还没有吃过,不妨来水富。或许会吃出最本真的山乡的味道,淳朴的味道,原生态的味道,山野的味道。

侧耳根

侧耳根,可以说是已经从一道家喻户晓的美味野菜变成了

准备凉拌的侧耳根

一道大片种植的家常菜。它有个学名叫蕺菜,又名截儿根、猪鼻拱、鱼腥草,客家话称之狗贴耳,具有很高的药用价值。提起侧耳根,我们这一带的人——云贵川的人都会为它吞一口唾沫。特别是野生的那种,远远地分明就闻到它扑鼻的香,冷冷的独特的涩味和辛味。便会想起凉拌它的作料,那暖暖的劲霸的麻辣,酸酸的老陈醋的悠长,都在味蕾上绽放。而自己亲自去山野挖的侧耳根,吃起来,感觉就更是不一般。洗净,阴干用或鲜用。凉拌、炖肉、干锅调味,无一不令人感到鲜爽。挖侧耳根的往事也常常清晰地向我走来。

侧耳根是一种生存能力超强的多年生草本植物,越是干旱的地方,生长出来的侧耳根越是鲜美。唐·苏颂却说:"湿地,山谷阴处亦能蔓生,叶如荞麦而肥,茎紫赤色,江左人好生食,关中谓之菹菜,叶有腥气,故俗称:鱼腥草。"以我的经验来看,侧耳根确实是在夏秋交季开始生长,随处可见。在干旱地、向阳地侧耳根略稀疏,瘦而香;湿地,山谷阴处则肥壮密集。而最适宜自然生长的当属乡村的田埂,或许是田埂恰好结合了这两种的优点,既阳光充裕，又水分充足，生长的侧耳根又多又好，味道不腥，更脆口。但在我们的童年，那个年代，医疗条件差，药物匮乏，生活困难，欠缺油荤，凡是带苦味的，诸如苦瓜、苦笋这些食物都不受欢迎。侧耳根的吃法也简单得不能再简单，一般就是放点盐巴、辣椒，没有其他的调料，吃着寡油，吃多了糙寡寡的，更多的是被用来熬水喝，当药吃，侧耳根的药用价值就得到了充分的发挥。当药吃，肯定是不喜欢的。但在没有玩具耍的情况下，去山野疯跑是我们最大的乐趣。一般只要大人喊去挖侧耳根，我们都是跳梭梭地就去了，快乐又幸福。通常我们会约上几个小伙伴一起去，还很远我们就可以看见紫红色的侧耳根布满田埂的上上下下，扇着两只像耳朵一样的嫩嫩的叶子，它伸出泥土两三厘米，采摘容易，而藏于泥土深处的白色的、细长的、横走的根茎，要拔出来就不是那么容易了，得用锄头或者尖锐的工具撬，是不可多得的美味。要挖、要撬就要损坏田埂，我们最多也就是就近在山野里找些竹片、小树棍撬一撬罢了，对田埂的损坏不大。偶尔也会在山涧、野地、树荫等较阴湿的地方发现有大片蔓生的侧耳根，随便一挖就是一篮子，可以耍够了再回家……

唱着母亲教我的童谣："侧耳根，遍坡生，我是家婆好外孙，家婆从我门前过，我请家婆吃花生。"长大成人，一晃就过去了几十年，我们的生活发生了翻天覆地的变化，缺油少肉的日子一去不复返；相反地，油荤过甚，侧耳根也越来越受欢迎，越吃越觉得好吃，成了酒宴和家宴上必不可少的一道美味佳肴。凉拌也不只是盐巴、辣椒调和在一起了事，而是采用盐、酱油、醋、白糖、鸡精、红油、干辣椒、花椒面等多种调料拌在一起，彻底剔除了腥味，既麻辣开胃、香脆可口，又回味无穷。吃法也越发丰富，什么侧耳根炒腊肉、侧耳根蒸鸡、侧耳根炒鸡蛋、侧耳根烧猪肺、侧耳根粥、侧耳根猪肺汤、侧耳根炒肉丝、侧耳根干锅鱼等等，吃出来的已经不是糙寡的味道、药物的味道，而是富足的味道、美好的味道。

初次吃侧耳根的人，或许会觉得它不但臭，而且腥，但一吃上瘾，见到此菜，则非点不可。

蒲公英

去年在柳州菜市场看见有不少的野菜卖,那野菊花叶子与夜花香给我留下极深的印象。那翡翠般的汤色,悦目的有点像金银花的绿花,不涩不苦的清香,让人无比怀想。当时就想这两样野菜我们这里不知道有没有,有的话一定要自己做来吃。可惜至今也没有找到,山上满山遍野的野菊花倒是多,但叶子毛茸茸的,都不是在柳州买来吃的那种,故不敢贸然采食。

一天喜欢户外的女友到我家吃我做的野菜时问我,你吃过蒲公英没有,蒲公英做汤的味道比较特别,汤的颜色绿幽幽的好看。哦,蒲公英也可以做汤吃啊,我只知道它的花是漂亮的金黄色,它结的籽一粒一粒的像撑开的一把一把极小极小的伞,形成一个白色的毛茸茸的灯笼,生命力特别强,还是一味药。记得小时候唱过一首儿歌,大意是我是一颗蒲公英的种子,谁也阻挡不了我在风中自由快乐地飞翔,不管是山岗野地,还是石缝岩墙,飞到哪里,哪里就是我的家。每每唱起这首儿歌,心中总是

❶ 野地里的蒲公英

❷ 灯笼花：结籽的蒲公英

充满无比的崇敬、无比的向往，希望自己变成蒲公英开的灯笼花一样的小伞，随风飞到自己想去的任何地方。光阴似箭，随着时间的推移，这首儿歌的歌词早忘记了，只知道我们谁也不可能想飞到哪里就能够到哪里。与很多人一样，在我眼里，蒲公英就是路边、田野上最常见、最普通的杂草，是菊科多年生草本植物。还真的没有想到蒲公英可以做汤当菜吃，而且好吃。

我们相约周末去采摘，女友强调说，蒲公英当然可以做汤，不过要摘刚发出来的那种嫩叶，不是说它的花和种子。开花结籽的就不好吃了，只能当药吃。采摘过程中，我仔细观察，蒲公英只有十至二十五厘米高。植株上有白色的绒毛，一掐植株就流出白色的乳汁，叶根生，外皮黄棕色，排列成莲座状；叶子从基部两侧扩大呈鞘状，叶片线状披针形，倒披针形或倒卵形，长六至十五厘米，宽两至三厘米，边缘浅裂或做不规则羽状分裂，裂片齿牙状或三角状，被白色蛛丝状毛。花单一，花托平坦，花冠黄色，花开顶端，披针形。直径约四厘米，花朵虽不大，在杂乱的绿草中还是格外打眼，一眼就可以看见。采摘一大包，回家后，按照女友说的方法如法炮制，一尝，味道不错，苦而馥郁。在春夏吃野菜的季节，又多了一样野菜可以采摘。

重阳节那天去马脑山参加老年诗词协会的笔会，没想到在山上看见一株蒲公英，居然还在开花，那金黄色的花冠上卧着一只有黑色花纹的小小的牵牛，生动又美丽，忍不住将它拍了下来，传给一个喜欢摄影的朋友欣赏。朋友问，这是什么花，好漂亮。我说是蒲公英的花，朋友说，你怕是搞错了，蒲公英的花不是那种白色的可以飞的吗？哦，原来朋友把蒲公英的种子认成蒲公英的花了。我不禁笑了起来，说，那你知不知道蒲公英可以当美味吃呢？问

了我才发现其实自己除了知道可以煮汤吃,其他有啥子吃法也是不知道的。立即上网查找,原来蒲公英岂止是可以做清汤,用它与红枣、玉米、桔梗等一起熬汤,与韭菜凉拌,以及做馅、熬粥、当茶、炒肉都是可以的,除了味道鲜美、清香爽口、营养丰富,还具有非凡的药用价值,可预防感冒、腹泻,强肾,有着清热解毒、利湿退黄、消炎抗癌等功效。不过我要说的是,蒲公英虽好,也最好选择在四五月间,在开花之前采下,那个时候的蒲公英口感好,功效最佳。尤其要提醒的是,虽然这些野菜具有抗癌作用,但不要在城市人口密集地区、工厂和居民区附近以及受污染河流附近采摘。因为这些野菜可能受到不同程度的污染,对身体有较大危害,严重者还会引起中毒。每每想到这些,我就会在心里弱弱地呐喊一声:爱护自然,回归自然,回归山野,唯有这样我们才能够永远拥有一片干净地。

炎炎夏日突然就过去了,冷冷的深秋一下子就来了,山野间的野菜没有春夏时节多。据说苣荬菜、穿心莲、车前草等野菜,对防治肿瘤也有一定功效。这些东西我还不认得,也没有品尝过。我想,这几样东西恐怕也只是春夏才有。现在的人吃蒲公英,或许吃的就是一种放心与宽心,吃的就是一种希望与向往……

三塔菌

林间出山菌,悠悠多少年。鸡𥔵菌,用我们家乡土得掉渣的土话来称呼就是三塔菌,其中"三塔"的意思是说,只要在林间、山野的任何一个地点发现了它,就会在紧挨着它的附近再发现两处。这意思我们本土的人都懂,但字却写不出来,在网上搜来搜去都没有找到意思相近的字,不得不随便找个读音

蒲公英金黄的花花
惹人爱

待下锅的新鲜三塔菌

相同的字代替。本不想用这个土称呼，又担心直接用鸡㙡菌这样过于书面的语言表达，让一些人弄不懂它是啥子东西。况且我喜欢这土称呼。

  熟悉三塔菌的人都知道，它完全有别于我前面写的那些漫山遍野的任何一种野菜，夏末初秋的雨季时节是最适宜它生长的时间，多生于林间、山野。刚出土时菌盖呈圆锥形，色黑褐或微黄，菌摺呈白色，老熟时微黄，有独朵生，大者可达几两，也成片生。其肉肥硕壮实，质细丝白，类似鸡肉，故名鸡㙡，为菌中之王，至今未成功实现人工栽培。采后过夜，则香味俱尽，所以为珍，是真真切切的山珍，虽说是山珍，在童年时候每年总能吃上那么几回，这与那个时代的环境有关吧！采摘它的人也没有觉得它有多么的了不起、多么的珍贵，就算是经济比较困难的家庭都能吃得起。我曾经想过雨后去山上找这种东西，已经下放去乡下教书的母亲却告诉说，要找这东西不是那么容易，首先要在雨后的第二天一大早就去，去晚了早被别人找去了。雨后的山路不是那么好走，林深草茂，一般得有经验的人才能够顺利地找到。你小小年纪，咋个找得到。你不要看我有时候带回来几朵，那只是偶尔运气好，在路边草丛中碰见的。母亲的一番话断了我想找到它的念头。后来我远去城里念书，寻找三塔菌的想法自然更是跑得无

影无踪,好像家里的餐桌上也逐渐少见这山珍的出现。唯有一到雨季总能看见有人提着一串或数串叫卖,因为自己年纪小没有当家,也就不可能买,只记得它质地滑嫩、鲜美无比的汤味。直到好几年前,一位女友请我去她家吃饭,她做的三塔菌才硬是巴适!烹调相当得法,至今想起来还满口生津,都还想得起那红白相间的鲜亮色彩、脆滑爽口的麻辣劲霸,扑鼻悠长的浓烈奇香。问起女友如何做成这样的美味,她轻描淡写地说,就是把上好的三塔菌撕成条状,放在碗里,把小米辣、蒜切碎放进去,再放猪油、盐巴与花椒进去,蒸好就是这味道了。女友倒是说得简单轻巧,我过后试过几次,完全没有那种味道,也在一些饭店吃过,却再没有吃到过她做出的那种令人食欲大开的味道。不知道是自己胃口吃高了,还是真的就没有谁能够做得那么好,尤其是近几年这三塔菌的价格一路攀升,贵得离谱,胜过猪肉价格数倍,便对这山珍失去了兴趣。如此贵的东西,对一般人家来说吃它已经成了一种奢侈,哪怕它具有钙、镁、铁、磷、蛋白质、碳水化合物、热量、灰分、核黄素、烟酸等多种营养成分,氨基酸含量多达十多种,磷含量也高,找到它的人都希望卖个好价钱,更是舍不得自己食用。

  2017年6至9月的雨水多,三塔菌也多,在大街上随时有人提着一串串的三塔菌叫卖,问了问价格都在一斤七十元到一百元之间。一天,突然在轮牧民族QQ群里看见雨龙与龙妹两口子得意地在晒自己在山上找的一篮子三塔菌,说是每年都能在山上找到不少这种东西,安逸得很,三塔菌的味道便似乎从电脑里飘了出来……自己又有了找到它的念头,细想又觉得无从下手,也就只好想想而已。不经意间又看见一个朋友也在空间晒他买的一盆子三塔菌,说是自己吃够了这东西,吃多了也觉得没有啥子味道。这盆里的是要晾晒干,盐渍或用植物油煎制成干鸡𣿰、腌鸡𣿰或油鸡𣿰,再带去给他女儿,他女儿喜欢吃这种东西。这样制作后可以较长时间贮存,女儿也可以慢慢享用。我不知道他是否真的连三塔菌都吃够了,但父爱之深切,由此可见。

  如果说连三塔菌都买来吃够了,只能证明我们现在的人真的是不缺吃穿了,越吃越好,胃口也越吃越高,以至于回过头来野菜又成了宾馆酒店、家庭餐桌上的上品。而我与其说是热衷于吃野菜,不如说是喜欢在大自然中采

摘野菜的过程、吃苦锻炼的过程。大自然馈赠我们的野菜还有很多。比如，空桐菜、枸地芽、野菊花、野花生等等。只要乐意都可以一一去感受，感受这舌尖上的山野，吃出健康的味道、生活的味道，吃出自然的味道，时光的淀香。只不过野菜虽然好，却大部分都微苦，具有清热解毒的功效，故有些体质的人是不宜多吃的。吃多了也会起反作用，这就是事物和生活的辩证法。

野地里的三塔菌

后 记

山不在高，有仙则名；水不在深，有龙则灵。

文化是一个地方的灵魂。文化记载过去，也昭示未来。

大江赐福水富，文化赋予文明。小城大象，硕果累累；墨客骚人，百花齐放；为爱奔跑，王者气质……悄然诉说着这方热土的丰富与奋进，在2017年暖冬的日子里，《文化昭通·水富》顺利付梓，弥足珍贵。

2016年末，《文化昭通·水富》的编撰工作正式启动。水富县委、县政府领导高度重视，组建了编撰委员会，落实了工作经费。县委宣传部扛实在肩，全力以赴，把握全书主题，立足"长江第一港，云南北大门"的文化定位，确定撰写提纲，聘请县文联陈卓同志撰写此书，在采编与创作上为其提供大力的支持。接到任务后，编撰人员在完成单位本职工作的同时，紧紧围绕历史文化、旅游文化、城市文化、饮食文化四大主题，认真学习思考，采编结合，精心创作，反复推敲，全身心地投入创作，常常废寝忘食、熬更守夜。在有关方面领导、专家、学者的关心、支持、帮助下，4月完成初稿，后又进行了3次修改，历时一年，终于成书。全书分四章，加上综述及后记，共六个部分，计二十余万字，倾注了笔者对水富的浓浓深情，是一次以文化散文的形式以点带面地呈现水富特色的文化之旅，以独特的风格，人文的精神，丰富、翔实的文化篇目，客观、全面地反映了水富文化的昨天与今天，填补了全面反映水富文化历史的空白，绽放出耀眼的光芒。事物的美来自一种关注和热爱，也包含某种敏锐和执着。《文化昭通·水富》历史部分的编撰完成，很大程度得益于《水富文史资料》等资料。三十多年来，一大批水富文化人士对水富文化倾注了太多的关注和热爱，他们的敏锐与执着，值得敬佩。在水富这块土地上，他们跋山涉水、四处寻访，一点一点在心中垒砌，形成文字，表述出来，让人真切地感受到一种对泥土、对光阴的柔软注视和诗意感悟，一种对祖先遗留下来的丰富文化、独有的人文精神义不容辞的责任感和使命感。

《文化昭通·水富》采用图文并茂的表现形式，珠联璧合，相得益彰。本书创作期间，得到了水富县摄影家协会及水富摄影爱好者的大力支持，丰富精彩的摄影图片，立体凸显了水富文化在不同历史时期的发展变化，是文本内容的直观反映和背景补充。

山水因文化而灵动，文化因山水而厚重。相信《文化昭通·水富》的出版发行，会让更多的人了解水富这片神奇热土辉煌灿烂的文化，从而更加向往水富、亲近水富、热爱水富，为水富的美好明天而努力奋斗、增添风采。诗人刘不伟说："水富，我不是过客，我是你的还乡人。"我们当然希望，读到这本书的朋友和没读过这本书的朋友，都能够爱上水富、心系水富，真正做水富的还乡人。

编撰此书，对编撰者来说，难免有疏漏与遗憾，敬请读者指正。

《文化昭通·水富》编委会